통계와 현장에서 보는
일본 대학의 현실

강병우

박영사

들어가며

히토츠바시대학에 자리를 옮긴 지 어느새 6년이 다 되어 간다. 평상시 같으면 학생으로 붐빌 학교 캠퍼스가 코로나 때문에 그 여느 때보다 조용하다. 대학이 방학을 맞이한 기간이라도 이렇게 조용한 시절이 있을까 싶을 정도다. 코로나로 학생들 강의와 지도를 비대면으로 한다. 일본 국내에 있는 학생에게는 물론, 일본 밖에 있는 학생들에게도 그들의 시간대에 맞추어 그렇게 한다.

일상과 다른 대학생활을 보내며, 필자의 대학생활을 되돌아봤다. 마침 필자는 올해 40세가 되는데, 일본의 대학과 연을 맺은 지는 벌써 20년이 되었다. 학부, 석사, 그리고 박사를 마치고, 일본 대학에서 자리를 잡았다. 이과계열 학부에서 시작한 필자의 대학생활이지만, 지금은 일본을 대표하는 사회과학 분야의 대학에서 일을 하고 있다. 지난 20년 동안 일본 대학에서 많은 경험을 했다. 그런 경험을 단편적인 잡학으로 쌓아두기보다는, 그렇게 쌓인 정보를 스스로 한번 정리를 해보고 싶은 생각이 들었다.

마침, 그런 개인적인 욕심을 구체적으로 실행해야겠다는 결심을 하게 된 계기가 있다. 학교에 있으면, 자연스럽게 학생들에 대한 다양한 통계를 정기적으로 접한다. 필자도 유학생 경험을 했기에, 유학생에 관한 통계는 특히 관심이 간다. 최근에 일본 유학을 힘들어하거나 잘 적응 못 하는 한국인 유학생이 다소 있다는 소식을 접하게 됐다. 사전에 미리 알았으면, 어려움을 겪을 시간에 새로운 경험을 하나 더 쌓을 수 있었을 텐데, 그러지 못해서 참

안타까울 따름이다. 그런 것에 필자의 입장에서 나름대로의 소명이 생겨서, 필자가 아는 통계와 지견을 바탕으로 책을 쓰게 됐다.

하지만, 막상 책을 쓰기 시작하니 갈등도 있었다. 대학교원으로서 쓰는 책인데, 연구서적이 아닌 책을 쓴다는 것에 고민이 있었다. 하지만, 대학교원에게 주어진 역할은 학자/연구자뿐만이 아니다. 대학교원은 학자/연구자인 동시에, 학생에게 있어서 교육자이고 학교 운영자다. 대학교원은 그런 다양한 역할을 수행해야 한다는 것을 스스로 몇 번이고 되뇌이며 이 연구에서 이를 써내려갔다.

제목을 보고 이 책을 든 독자는 일본 대학/대학원을 앞두고 있거나, 고민하고 있는 독자가 많겠다. 처음에 이 책을 쓰게된 동기는 개인적인 것이었지만, 글을 쓰면서 일본 대학/대학원을 준비/생각하고 있을 독자들을 의식하게 되었고, 그들의 궁금증을 해소할 만한 내용을 찾아 정리했다. 하지만 결과론적으로, 그러한 독자외에도 다른 대학/대학원 생활을 앞두고 있는 독자에게도 하나의 참고가 될 만한 사례도 있지 않나 하는 생각이 든다. 앞길을 준비하는 모든 독자들에게 조금이라도 도움이 됐으면 하는 바람이다.

2022년 봄, 도쿄에서

목 차

일본 대학제도

한국인으로서, 자주 의식하게 되는 나라는 일본이다. 일본 기업, 사회, 문화, 정치 등에 대한 정보는 한국의 언론매체에서 거의 매일 접할 수 있다. 하지만, 일본의 대학에 대한 정보는 한국의 언론매체에서 잘 다루지 않아 쉽게 접할 수 없다. 한국의 언론매체에서 일본의 대학이 보도되는 경우는 대개 두 가지이다. 하나는, 세계 대학 랭킹이 발표될 때, 다른 하나는 일본인이 노벨상을 수상했다는 소식을 접할 때이다. 과거에 일본에서 유학한 사람은 많았고, 현재도 일본으로 유학 오는 한국인 수는 증가하고 있다. 하지만 한국 내에서 일본 대학에 대한 정보는 잘 정리가 안 되어 있는 듯 하다. 그래서, 이 책의 첫 장으로서, 일본 대학의 전반적인 상황에 대해서 소개하고자 한다.

1. 일본의 대학 및 분류

일본에는 2021년도 기준으로 총 788개의 대학이 있다.[1] 2016년에는 759개의 대학이 있었으니, 지난 5년간 일본 내의 대학 수는 약간 증가했다고 볼 수 있다. 일본은 인구가 감소하는 나라로 알려져 있는데, 일본의 대학 수가 증가했다는 것은 이상하게 들릴 수 있다. 인구 감소, 특히 저출산의 영향으로, 사실 일본의 많은 대학이 통폐합 중에 있다. 하지만, 동시에 새로 설립되는 대학도 있어서, 총 대학 수가 증가하고 있는 것이다.

일본의 대학은 운영기관에 따라 크게 국립대학, 공립대학, 그리고 사립대학의 3분류로 나뉜다. 국립대학은 국립대학법인(国立大学法人)이 운영하는 기관이고, 예산이 한국의 교육부에 해당하는 문부과학성에서 할당된다.

---

[1] 2021년에 학생을 모집한 대학을 기준으로 한다. 즉, 통폐교 중에 있는 대학을 제외한 숫자이다.

반면, 공립대학은 공립대학법인(公立大学法人)이 운영하는 기관이고, 예산이 일본의 광역자치단체인 "도도부현(都道府県)"[2] 또는 그것보다 하나 아래 단계의 지방자치단체인 시에서 할당된다. 공립대학은 지역사회의 필요에 따라 일본의 광역자치단체가 설립한 대학이다. 그래서, 공립대학은 지역사회에 공헌하는 것이 요구된다.

마지막으로, 사립대학은 학교법인(学校法人)이 운영하는 것으로, 개인 또는 법인이 운영하는 기관이다.

일본에서는 대학 외의 고등교육기관으로, 전문직대학과 대학교를 정의하고 있다. 전문직대학은 2017년에 개정된 학교교육법에 기반하여, 2019년부터 설립되기 시작한 대학이다. 실무교육을 중심으로 하는 일종의 직업훈련대학이라 보면 되겠다.

그리고 일본에서 "대학교(大学校)"는 특별한 목적을 가진 고등교육기관으로, 한국의 "대학교"와 조금 다른 개념이다. 한국에서 말하는 "대학교"는 일본에서 "대학(大学)"이라 부르고, 문부과학성의 소관이다. 일본에서 말하는 "대학교"는 각 정부 기관에 필요한 특정 인재 양성을 목적으로 하는 교육기관이다. 그래서, 일본의 대학교는 문부과학성이 아닌 기관이 관리한다. 예를 들어 방위성 소속의 방위대학교와 방위의과대학교, 해상보안청 소속의 해상보안대학교, 기상청 소속의 기상대학교 등이 있다.

2021년도 기준으로 82개의 국립대학, 93개의 공립대학, 그리고 592개의 사립대학이 있다. 그 외에 14개의 전문직대학과 7개의 대학교가 있다(표 1.1).

---

2 일본의 광역자치단체는 도(都, 도쿄도), 도(道, 홋카이도), 부(府, 오사카부와 교토부), 그리고 현(県, 나머지 43개)의 47개가 있다.

표 1.1 일본 대학 분류 및 수(2021년도 기준)

대학분류	개수	비율
국립대학	82	10.4%
공립대학	93	11.8%
사립대학	592	75.1%
전문직대학	14	1.8%
기타 대학교	7	0.9%

출처: 필자 계산

위에서 소개한 고등교육기관 외에도, "고등전문학교(高等專門学校)", "단기대학(短期大学)" 및 "전문학교(專門学校)"가 고등교육기관으로 분류된다. 고등전문학교는 기술자 교육을 목적으로 하는 학교로, 3년제 고등학교와 2년제 대학교가 통합된 교육기관이다. 고등전문학교를 졸업하면 준학사의 학위가 부여된다. 고등전문학교를 졸업한 후, 편입시험을 쳐서 4년제 대학에 편입할 수 있다. 일본에는 현재 57개의 고등전문학교가 있는데, 그중 국립이 51개교, 공립이 3교, 그리고 사립이 3교 있다.

마지막으로, 일본에서의 단기대학 및 전문학교는 한국에서의 전문대학과 학원에 해당되는 기관이다.

2. 일본 대학에서 다루는 학문분야

세상에는 다양한 학문이 존재하고, 대학에서는 각 학문 영역에 맞는 단과대학이 존재한다. 독자도 잘 알겠지만 인문대학, 자연과학대학, 사회과학대학, 경상대학, 공과대학, 사범대학, 약학대학, 의과대학, 치과대학, 예술대

학 등의 대학이 있다. 일반적으로 종합대학은 여러 개의 단과대학으로 구성
된다. 한국의 많은 대학이 많은 단과대학이 포함된 종합대학이다. 하지만,
일본의 종합대학 상황은 한국 종합대학 상황과 다루는 학문의 영역 면과 규
모 면에서 많이 다르다.

　일본의 종합대학에서 다루는 학문분야는 한국의 종합대학에서 다루는
학문분야보다 좁다는 인상을 준다. 일본에서 다루는 학문영역은 일본의 대
학제도를 규정한 대학령에 기반을 둔다.3 메이지 유신를 통해 근대화를 시
작한 일본은 부국강병과 "식산흥업(殖産興業)"4의 슬로건 아래, 1886년 제
국대학령을 실시하여, 처음으로 대학제도를 정비했다.5 이때는 도쿄대를 시
작으로 제국대학을 설립하여, 그 안에 법과대학, 의과대학, 공과대학, 문과
대학, 그리고 이과대학(자연과학대학)의 5개 대학만을 설치했다. 1919년에
공립대학과 사립대학의 설치를 허가하는 대학령을 실시한다. 이때, 대학에
설립가능한 학문을 법학, 의학, 공학, 문학, 이학(자연과학), 농학, 경제학, 그
리고 상학의 8개로 정했다. 즉, 당시 일본에서는 치과, 예술 등은 학문의 영
역으로 보지 않은 듯하다.

　일본의 종합대학에서 다루는 학문분야가 좁은 것은 그런 제도의 영향이
아직까지 남아있어서다. 예를 들면, 현재까지도 도쿄대학에는 상과대학, 치
과대학, 그리고 예술대학이 없다. 도쿄대학에서 경영학을 연구하는 그룹이
있긴 있으나, 경제학부 내에서 미시경제학, 더 구체적으로는 산업조직론의
세부분야로서 그 그룹이 있을 뿐이다. 일본의 국립대학 중에서, 미술과 음악
을 배울 수 있는 예술대학은 동경예술대학(東京芸術大学) 하나뿐이다. 한편

---

3 https://www.mext.go.jp/b_menu/hakusho/html/others/detail/1317722.htm
4 메이지 시대 초기의 산업정책으로 "생산을 늘리고, 산업을 키우라"는 뜻이다.
5 https://www.mext.go.jp/b_menu/hakusho/html/others/detail/1317632.htm

사립대학은 일찍부터 상과대학, 치과대학, 예술대학을 설치한 대학이 많은데, 그 이유는 사립대학은 국가의 정책에 직접적으로 따를 필요가 없고, 대학을 설립하는 조건이 국립대학에 비해 자유로워서이다.

또, 일본의 종합대학의 규모도 한국의 종합대학의 규모와 많이 다르다. 종합대학의 규모라는 정의가 있는 것은 아니지만, 일본 대학의 평균적인 규모는 한국 한국 대학의 평균 규모보다 작다. 일본에서는 학부가 하나만 있는 단과대학도 많다. 표 1.2는 학부 개수별 대학을 정리한 표이다. 2–4개 학부 또는 단과대학의 수가 아주 많다는 것을 알 수 있다.

표 1.2 규모별 일본 대학 수(2020년도 기준)

대학 분류	8개 학부 이상	5-7개 학부	2-4개 학부	단과대학
국립 대학	20개 홋카이도대학 도호쿠대학 치바대학 도쿄대학 니이가타대학 카나자와대학 신슈대학 나고야대학 교토대학 오사카대학 코베대학 오카야마대학 히로시마대학 야마구치대학 큐슈대학 나가사키대학 카고시마대학 츠쿠바대학	20개 히로사키대학 야마가타 대학 이바라키대학 우츠노미야대학 사이타마대학 도쿄공업대학 요코하마국립 대학 기후대학 시즈오카대학 미에대학 토쿠시마대학 에히메대학 쿠마모토대학 류큐대학 종합연구대학원 대학 시마네대학	19개 이와테대학 아키타대학 후쿠시마대학 군마대학 도쿄의과치과대학 도쿄외국어대학 도쿄예술대학 토차노미즈여자 대학 도쿄농공대학 히토츠바시대학 시가대학 나라여자대학 와카야마 대학 톳토리대학 큐슈공업대학 야마나시대학 도쿄해양대학	27개 홋카이도교육대학 무로란공업대학 오타루상과대학 오비히로축산대학 키타미공업대학 미야기교육대학 도쿄학예대학 전기통신대학 나고야공업대학 아이치교육대학 교토교육대학 교토공예섬유대학 오사카교육대학 나라교육대학 후쿠오카교육대학 아사히카와의과 대학 하마마츠의과대학

	코치대학 토야마대학	카가와대학 사가대학 오이타대학 미야자키대학	후쿠이대학 츠쿠바기술대학	시가의과대학 나가오카기술 과학대학 토요하시기술 과학대학 조에츠교육대학 효고교육대학 나루토교육대학· 카가야체육대학 호쿠리쿠첨단과학 기술대학원대학 나라첨단과학기 술대학원대학 정책연구대학원 대학
공립 대학	1개 오사카시립대학	10개 도쿄도립대학 요코하마시립대학 시즈오카현립대학 나고야시립대학 아이치현립대학 오사카부립대학 효고현립대학 현립히로시마대학 기타큐슈시립대학 나가사키현립대학	39개 삿포로의과대학 삿포로시립대학 이와테현립대학 미야기대학 아키타현립대학 후쿠시마현립의 과대학 타카사키경제대학 군마현립여자대학 군마현립현민건강 과학대학 니가타현립대학 토야마현립대학 공립코마츠대학 후쿠이현립대학 츠루문과대학 야마나시현립대 학공립스와도쿄 이과대학 나가노현립대학 나가노대학 시즈오카문화	44개 공립하코다테 미래대학 쿠시로공립대학 나요시시립대학 공립치토세과학 기술대학 아오모리공립대학 아오모리현립 보건대학 국제교양대학 야마가타현립보건 의료대학 야마가타현립요 네자와영양대학 아이즈대학 이바라키현립의 료대학 아키타공립미술 대학 마에바시공과대학 사이타마현립대학 치바현립보건

예술대학
아이치현립
예술대학
시가현립대학
교토시립예술대학
교토부립대학
후쿠치야마
공립대학
와카야마현립
의과대학
공립톳토리환경
대학
시마네현립대학
오카야마현립대학
오노미치시립대학
히로시마시립대학
야마구치현립대학
산요오노다시립
야마구치도쿄
이과대학
후쿠야마시립대학
코치현립대학
코치공과대학
후쿠오카현립대학
쿠마모토현립대학
메이오대학
오키나와현립
예술대학

의료대학
카나가와현립보건
복지대학
도쿄도립산업기술
대학원대학
니가타현립간호
대학
나가오카조형대학
이시카와현립대학
카나자와미술공
예대학
이시카와현립
간호대학
츠루가시립간호
대학
나가노현간호대학
기후약과대학
기후현립간호대학
정보과학예술
대학원대학
시즈오카현립농림
환경전문직대학
미에현립간호대학
교토부립의과대학
코베시외국어대학
코베시간호대학
나라현립의과대학
나라현립대학
신미공립대학
시모노세키시립
대학
카가와현립보건
의료대학
에히메현립의료
기술대학
큐슈치과대학
후쿠오카여자대학
오이타현립간호

				과학대학 미야자키공립대학 미야자키현립 간호대학 오키나와현립 간호대학
사립 대학	44개 국제의료복지대학 죠사이국제대학 아오야마학원대학 게이오대학 가미치대학 다이토문화대학 츄오대학 토카이대학 토요대학 니혼대학 호세이대학 메이지대학 릿쿄대학 릿쇼대학 와세다대학 타마가와대학 테이쿄대학 무사시노대학 메이세이대학 소카대학 카나가와대학 칸토학원대학 토코바대학 아이치학원대학 츄쿄대학 나고야학원대학 난잔대학 니혼복지대학 메이죠대학	88개 (생략)	269개 (생략)	220개 (생략)

아이치숙덕 대학 교토산업대학 도시샤대학 리츠메이칸대학 류코쿠대학 세츠난대학 칸사이대학 킨키대학 코난대학 코베학원대학 칸사이학원 대학 무코가와여자대학 토쿠시마문리대학 큐슈산업대학 후쿠오카대학			

출처: https://www.mext.go.jp/content/20210317-mxt_jyohoka01-100012481_19.pdf에서 일부 발췌

　국립대학의 경우, 단과대학부터 8개 학부 이상 있는 대학이 골고루 분포한다. 8개 학부 이상 있는 국립대학은 옛 제국대학을 포함한 종합대학들이다.

　2－4개 학부만 있는 대학이라고 해서, 모두가 같은 학부를 가진 것은 아니다. 예를 들면, 필자가 현재 있는 히토츠바시대학은 상학부, 경제학부, 사회학부, 그리고 법학부의 4개가 있는 반면, 동경농공대학은 농학부와 공학부의 2개, 동경의과치과대학은 의학부, 치학부, 교양부의 3개의 학부가 있지만, 교양부는 의학부와 치학부의 1학년 과정이어서, 사실상 의학부와 치학부만 있다고 볼 수 있다. 그리고, 국립대 중 단과대학은 주로 공과대학과 교사 양성을 위한 교육대학들이다.6

　공립대학의 경우, 학부가 8개 이상 있는 공립대학은 오사카 시립 대학

---

6 카이스트나 포항공대와 같이 공과대학만 있는 단과대학의 경우, 대학 명칭에 "공업대학(工業大学)"이라는 명칭이 들어있고, 교육대학의 경우 대학 명칭에 "교육대학(教育大学)"이 들어있다.

하나뿐이고, 대다수가 2－4개 학부로 구성된 대학 또는 1개 학부만 있는 대학들이다. 공립대학의 특징 중 하나가 간호대학이 많다는 것이다. 한국과 같이 일본에서도 도시와 지역의 의료격차는 사회 문제다. 20대 30대 인구는 학업과 취업을 위해 지방에서 도시로 몰린다. 그에 따라 지방에 남는 노령인구의 비율은 올라간다. 지방에서 의료서비스를 받아야 할 사람의 비율은 증가하고 있는데, 그런 의료서비스를 제공할 수 있는 사람의 비율은 감소하고 있다. 그런 상황에서 그나마 지역의료체계를 유지할 수 있는 이유는 공립대학에 속한 간호대학들이 있기 때문이다. 공립대를 졸업한 간호사들이 지역의료기관이서 활동함으로써 지역의료공백을 메우고 지방의료체계를 떠받치고 있는 것이다.

사립대학의 상황은 공립대학과 비슷하다. 즉, 종합대학은 소수이고, 대다수가 2－4개 학부로 구성된 대학이거나 1개의 학부만 있는 대학들이다.

3. 대학 랭킹 및 대표적인 대학 소개

이렇게 대학이 많은데, 이 대학의 랭킹이 어떻게 되는지 궁금하지 않을 수 없다. 한국에서 입시공부를 경험한 독자라면 일반적인 SKY나 공대에서의 서울대－카이스트－포항공대를 안 들어본 사람이 없을 것이다.7 또, 세계 대학 랭킹이 발표되면, 한국 대학들이 국제사회에서 약진하는 것을 확인할 수 있다. 일본의 사정은 어떤지를 설명하면서, 대표적인 일본 대학과 그 대학의 분위기를 소개를 한다.

---

7 참고로 한국의 입시경쟁은 일본에도 유명하다. 일본에서도 한국의 SKY가 어떤 대학명에서 유래했는지는 몰라도, SKY란 단어가 한국에 존재한다는 것은 많이 알려져 있다.

일본에서도 대학 랭킹이 없는 것은 아니고, 신경을 안 쓰는 것도 아니다. 한국만큼이나 일본도 입시경쟁이 치열하고, 대학 서열에 관심이 있다. 다만, 말을 안 하거나, 말 꺼내기를 조심할 뿐이다. 문부과학성, 각종 대규모 학원들, 각 통계기관 등이 다양하게 대학 랭킹을 매긴다.

여기서는 대학입학 시험난이도와 성적을 기준으로 한 일본 대학 랭킹의 한 예를 소개한다(표 1.3). 최상위 그룹에는 영원한 투톱, 도쿄대와 교토대가 있다. 그 밑에, 동경공업대학과 히토츠바시대학, 그리고 옛 제국대학이 있다. 또 그 밑에는 한국에서도 이름을 들어봤을 법한 와세다대학과 게이오대학도 있다. 이 책에서는 최상위 그룹의 대학에 대해서 일본 현지에서의 인식을 바탕으로 간단하게 소개하겠다.

표 1.3 일본 대학 랭킹

S+	도쿄대학
S	교토대학
A+	도쿄공업대학, 히토츠바시대학
A	홋카이도대학, 도호쿠대학, 나고야대학, 오사카대학, 코베대학, 큐슈대학
B	츠쿠바대학, 치바대학, 요코하마국립대학, 도쿄외국어대학, 오차노미즈여자대학, 오사카부립대학, 오사카시립대학, 와세다대학, 게이오대학
C	카나자와대학, 오카야마대학, 히로시마대학, 도쿄학예대학, 도쿄농공대학, 나고야공업대학, 교토공예섬유대학, 나라여자대학, 도쿄부립대학, 교토부립대학, 국제교양대학, 코베시외국어대학, 나고야시립대학, 죠치대학, 도쿄이과대학, 국제기독교대학
D	니가타대학, 사이타마대학, 신슈대학, 시즈오카대학, 기후대학, 미에대학, 시가대학, 쿠마모토대학, 도쿄해양대학, 오타루상과대학, 큐슈공업대학, 아이치현립대학, 효고현립대학, 요코하마시립대학, 메이지대학, 릿쿄대학, 도시샤대학

E	이와테대학, 군마대학, 우츠노미야대학, 토야마대학, 와카야마대학, 야마구치대학, 토쿠시마대학, 카가와대학, 나가사키대학, 카로시마대학, 오사카교육대학, 아오야마학원대학, 추오대학, 칸사이학원대학, 시바우라공업대학, 히로사키대학, 야마나시대학, 이바라키대학, 야마나시대학, 후쿠이대학, 에히메대학, 코치대학, 아이치교육대학, 교토교육대학, 시즈오카현립대학, 키타큐슈시립대학, 호세이대학, 가쿠슈인대학, 리츠메이칸대학, 츠타쥬쿠대학, 토요타공업대학
F	아키타대학, 톳토리대학, 시마네대학, 오비히로축산대학, 미야기교육대학, 나라교육대학, 아이즈대학, 타카사키경제대학, 시가현립대학, 칸사이대학, 세이케이대학, 세이죠대학, 키타사토대학, 토호대학, 후쿠시마대학, 오이타대학, 미야자키대학, 사가대학, 후쿠오카교육대학, 홋카이도교육대학, 효고교육대학, 마에바시공과대학, 현립히로시마대학, 후쿠오카여자대학, 난잔대학, 메이지학원대학, 코쿠가쿠인대학, 무사시대학, 도쿄여자대학, 니혼여자대학
G	류큐대학, 나가오카기술과학대학, 무로란공업대학, 공립하코다테미래대학, 삿포로시립대학, 미야기대학, 이와테현립대학, 군마현립여자대학, 츠루문과대학, 토야마현립대학, 이시카와현립대학, 후쿠이현립대학, 나라현립대학, 오카야마현립대학, 히로시마시립대학, 시모노세키시립대학, 야마구치현립대학, 쿠마모토현립대학, 세이난학원대학, 도쿄도립대학, 교토여자대학, 도시샤여자대학, 죠에츠교육대학, 나루토교육대학, 키타미공업대학, 공립치토세과학기술대학, 아키타현립대학, 산죠시립대학, 니가타현립대학, 야마나시현립대학, 나가노대학, 나가노현립대학, 공립스와도쿄이과대학, 후쿠치야마공립대학, 후쿠야마시립대학, 코치현립대학, 코치공과대학, 산요오노다시립 야마구치도쿄이과대학, 후쿠오카현립대학, 나가사키현립대학, 돗쿄대학, 도쿄농업대학, 가쿠슈인여자대학, 나고야외국어대학
H	쿠시로공립대학, 시마네현립대학, 공립톳토리환경대학, 미야자키공립대학, 니혼대학, 토요대학, 코마자와대학, 센슈대학, 도쿄전기대학, 아이치대학, 메이죠대학, 교토산업대학, 킨키대학, 코난대학, 류코쿠대학, 후쿠오카대학, 리츠메이칸아시아태평양대학, 칸다외국어대학, 칸사이외국어대학, 나요로시립대학, 아오모리공립대학, 공립코마츠대학, 슈쿠토쿠대학, 메이오대학, 분쿄대학, 토카이대학, 무사시노대학, 카나가와대학, 코가쿠인대학, 츄쿄대학, 쇼와여자대학, 오츠마여자대학, 세이센여자대학, 세이신여자대학, 페리스여자대학, 무코가와여자대학, 코베여자학원대학, 코베여자대학, 교토외국어대학

출처: 인터넷 캡쳐

(1) 도쿄대와 교토대

일본 국내외 연구자나 일본의 문부과학성이 일본 대학연구성과 평가에 관한 연구조사를 할 때, 엘리트대학 또는 연구대학으로 분류하는 대학은 대개 옛 제국대학 7곳과 동경공업대학과 히토츠바시대학을 포함한 9곳 정도다. 본래 옛 제국대학이라 하면, 서울대의 전신인 "경성제국대학(京城帝国大学)"과 국립대만대학의 전신인 "대북제국대학(台北帝国大学)"을 포함한 9개 제국대학이 있었다. 옛 제국대학들은 1919년 대학령이 실시되기 이전에 이미 대학으로서 존재한 대학이다. 옛 제국대학의 졸업생들은 일본의 근대 사회를 형성하는 데 있어서 핵심적인 역할을 했다.

그런 엘리트대학 중에서 투톱을 꼽으라면 도쿄대학과 교토대학을 꼽을 수 있다. 일본에서 2021년도까지 총 29명의 노벨 수상자(일본 출신 및 일본 출신의 외국국적자 포함)가 나왔다. 그 수상자의 대다수가 도쿄대학과 교토대학 졸업생이다. 하지만, 도쿄대학과 교토대학의 대학 분위기가 극과 극으로 다르다는 것은 재미있는 점이다.

설명할 필요도 없이, 도쿄대학은 일본을 대표하는 대학이다. 처음으로 설립된 국립대학인데, 일본의 관료양성을 목표로 설립된 대학이다. 최근 일본에서는 해마다 100만명 정도의 고등학생이 졸업하는데, 그중에 약 50%가 대학으로 진학한다. 도쿄대는 한 학년에 대략 3000명이다. 한국 대학입시에서 흔히 상위 몇 %라는 지표를 활용하는데, 그 익숙한 지표를 그대로 적용하면 상위 0.5%~0.6%의 학생이 도쿄대에 진학하는 셈이다. 현재 은퇴연령기에 있는 베이비 붐 세대가 고등학생인 시절에는 고등학생 수가 현재의 1.5배-2배 정도였다. 그것을 반영하여 당시의 도쿄대 진학률을 계산하면,

전국 고등학교 졸업생 중 0.3% 정도만이 도쿄대에 진학한 셈이다. 도쿄대학은 입학식이 가관인데, 가끔 손자의 도쿄대 입학식에 참석한 할아버지나 할머니가 그 명예 때문에 입학식장에서 쓰러져 응급실에 실려가는 일이 있을 정도다. 그만큼 도쿄대의 입지는 일본에서 독보적이다.

하지만, 처음부터 도쿄대가 그렇게 독보적이었던 것은 아니다. 도쿄대는 1877년에 도쿄개성학교(東京開成学校)와 도쿄의학교(東京医学校)를 합병해서, 법학부, 이학부, 문학부, 그리고 의학부의 4개 학부로 시작했다. 하지만, 근대국가 엘리트를 양성하기 위한 교육은 이미 정부의 각 기관별로 내부 교육기관이 담당하고 있었다. 예를 들면, 기술자를 양성하기 위한 공부성(工部省)의 공부대학교(工部大学校), 법률가 양성을 위한 사법성(司法省)의 법학교(法学校)가 있었다. 또, 당시에는 난학숙(蘭学塾, 게이오대학의 전신) 등의 사학이 이미 높은 수준의 교육을 제공하고 있었다.

일본은 19세기 말에 영국, 독일, 미국 등의 서양문물을 보며, 서양과의 국력을 차이를 뼈져리게 느꼈다. 1886년에 문무대사로 임명된 모리 아리노리(森有礼)는 국가 발전을 위해 엘리트 교육과 대중교육의 확립을 주장하며, 제국대학령, 중학교령, 소학교령, 사범학교령 등을 연달아 제정했다. 제국대학령을 통해, 도쿄대학은 법학교와 공부대학교를 흡수함으로써 종합대학으로서의 제국대학이 되었다. 이렇게 함으로써, 일본의 정부 각 부처에 흩어져 있던 엘리트 양성 교육기관이 도쿄대에 집중하게 되어, 오늘의 명성을 얻은 것이다.

저런 역사가 있어서 도쿄대는 자존심이 세고 관료적이라는 것으로 외부에 알려져 있고, 또 대학 내 연구 분위기 또한 교토대에 비하면 많이 딱딱하다. 도쿄대의 분위기를 상징하는 하나가 도쿄대 법학부다. 일본의 법학부는 박사학위가 없는 교수가 많은 것으로 유명하다. 2009년까지만 해도, 일본 내에서 대학교원의 박사학위 소지율이 가장 높은 법학부에서 54% 정도였다. 박사학위 없이도 대학교원이 되는 문화를 만드는 데 도쿄대 법학부가 일조했다고 해도 과언이 아니다. 옛 도쿄제국대 법학부 교수는 제2차 세계대전 이전부터 일본 학계의 최고 권위를 가지고 있었다. 당시에는 대학원제도가 없었기 때문에, 박사학위 없이 교수가 될 수 있었다. 제2차 세계대전 이후 대학원제도가 생겼고, 박사학위를 받는 사람이 생기기 시작했다. 하지만, 이미 도쿄대 법학부 교수가 된 사람이 굳이 박사학위를 따도, 권위와 위엄을 더 늘릴 수 없었다. 오히려, 본인에게 의욕이 있어서 박사과정을 가려고 해도, 도쿄대 법학부 교수가 체면상 학생 신분으로 갈 곳이 없었다. 오히려, 괜히 "분위기" 흐린다고 찍힐 수도 있는 것이었다. 도쿄대 법학부 교수면 본인에게 박사학위가 없어도, 그것을 감히 문제 삼을 사람은 없고, 본인 역시 불편한 것이 없었다. 똑똑한 학부생이 있으면, 그 학생이 학부과정을 마칠 시점에 학교에서 전임교원 자리를 마련해 주기도 했다. 학부과정을 마치고 도쿄대에 전임교원이 안 되더라도, 지도교수의 추천으로 다른 대학의 전임교원에 자리를 구하는 것도 가능했다. 상황이 그렇다 보니, 대학교원이 될 생각이 있는 도쿄대 법학부 학생들이라고 해서 굳이 박사과정에 진학할 이유가 없었다. 지금은 해외 대학에서 박사학위를 마치고 일본으로 돌아오는 법학부 교수도 있다 보니, 예전과는 상황이 많이 달라졌다. 그렇다고는 하지만, 여전히 옛 전통이 일부 남아있는 곳이 도쿄대 법학부이다.

　도쿄대에 입학할 능력과 성적이 충분히 되는 학생이 종종 도쿄대를 거부하고 진학하는 곳은 2곳이 있다.[8] 하나는 다른 국립대의 의과대학들이고

---

8 일본에서는 대학입학시험에서 한 해에 국립대 2곳 이상 동시에 지원할 수 없다. 즉, 도쿄대 아니

다른 하나가 교토대학이다. 교토대학의 학풍이 도쿄대학과 비슷할 것 같지만, 실제로는 도쿄대의 분위기와 반대극에 있다고 할 정도로 다른 대학이 교토대학이다.

교토대는 옛부터 자율성을 중요시하는 자유로운 학풍으로 유명하다. 그냥 자유로운 게 아니라, 교토대생이면 상식과 분위기 등 어떤 것에도 얽매이지 않아야 하고, 반드시 남들과 달라야 한다는 것이 교토대생의 지상과제로 여겨질 정도다. 그 DNA는 이 대학의 졸업식에 가면 볼 수 있다. 교토대의 졸업식은 그 어느 괴짜 가장무도회인 양 많은 학생이 다양하게 그리고 기발하게 가장의상을 차려 입는 것을 볼 수 있다.

또, 필자가 아는 교토대 교수도 그런 교토대 DNA 때문에 당황한 한 사람이다. 그 교수는 교토대에서의 학생지도 요령은 의도적 방치와 묵인하는 것을 꼽는다. 본인은 처음에 교토대로 자리를 옮겼을 때, 교토대의 분위기에 당황했다고 한다. 그 전에 있던 대학의 학생들은 뛰어난 건 물론이고, 자기가 과제를 던져주면 학생들이 그에 맞게 연구실적을 잘 가져왔다고 한다. 하지만, 기발한 연구는 없었으며, 학생 스스로 질문을 만드는 일은 없었다고 한다. 반면, 교토대에 왔을 때 학생들은 자기가 해 오라는 과제는 안 하고 그냥 노는 것 같다고 생각했다. 다만, 연구실 정기 발표회에 학생들이 발표를 하는데, 발표내용이 학생들 스스로가 가진 질문이었고 일부는 미친 질문 같았지만 학생들은 미숙하게나마 자기들 스스로 그에 대한 해답을 찾는 노력을 하더랜다. 이후, 자신은 교토대에서 연구실을 운영할 때, 학생에게 톱다운식으로 과제를 주거나 지시하는 것을 그만두었다 한다. 설령 학생이 잘못된 질문이나 교수 자신이 이미 과거에 성공/실패한 내용을 학생이 들고오더

면 다른 대학을 골라야만 한다.

라도, 일단 경험치를 쌓게끔 그냥 내버려둔다고도 한다.

그런데, 이러한 교토대의 자유로운 분위기는 교토대의 노벨상의 수상실적과 연관이 깊다고도 볼 수 있다. 일본에서 노벨상 하면 떠오르는 대학은 교토대이다. 첫째 이유는 일본인으로서 처음 노벨상을 수상한 유카와 히데키(湯川秀樹)가 교토대 출신이어서다.

두 번째 이유는, 과학분야에서 노벨상을 수상한 것은 교토대가 가장 많아서다. 2021년도 말까지 일본에서 노벨상 수상자는 총 29명이다. 그중 일본에서 학부를 다닌 28명 전원이 국립대학의 학부를 다녔는데, 그들이 학부를 졸업한 대학은 도쿄대가 9명, 그리고 교토대가 8명이다(표 1.4).[9] 하지만 도쿄대는 9명 중 6명이 과학분야이고, 나머지는 노벨 문학상 2명, 노벨 평화상 1명이다. 반면, 교토대는 8명이 전원 과학분야에서 수상했다.

표1.4 일본 출신 대학별 일본인 노벨상 수상자

학부 출신 대학	노벨상 수상자
도쿄대학	1968년 문학상: 카와바타 야스나리(川端康成), 문학부 졸업 1973년 물리학상: 에사키 레오나(江崎玲於奈), 이학부 졸업 1974년 평화상: 사토 에이사쿠(佐藤栄作), 법학부 졸업 1994년 문학상: 오오에 겐자부로(大江健三郎), 문학부 졸업 2002년 물리학상: 코시바 마사토시(小柴昌俊), 이학부 졸업 2008년 물리학상: 난부 요이치로(南部陽一郎), 이학부 졸업 2010년 화학상: 네기시 에이이치(根岸英一), 공학부 졸업 2016년 생리학/의학상: 오오스미 요시노리(大隅良典), 교양학부 졸업 2021년 물리학상: 마나베 슈쿠로(真鍋淑郎), 이학부 졸업

---

9 학부를 일본 밖에서 다닌 사람은 일본계 영국인 소설가 카즈오 이시구로. (2017년 노벨 문학상)

교토대학	1949년 물리학상: 유카와 히데키(湯川秀樹), 이학부 졸업 1965년 물리학상: 토모나가 신이치로(朝永振一郎), 이학부 졸업 1981년 화학상: 후쿠이 겐이치(福井謙一), 공학부 졸업 1987년 생리학/의학상: 도네가와 스스무(利根川進), 이학부 졸업 2001년 화학상: 노요리 료지(野依良治), 공학부 졸업 2014년 물리학상: 아카사키 이사무(赤﨑勇), 이학부 졸업 2018년 생리학/의학상: 혼죠 타스크(本庶佑), 의학부 졸업 2019년 화학상: 요시노 아키라(吉野彰), 공학부 졸업
나고야대학	2008년 물리학상: 코바야시 마코토(小林誠), 이학부 졸업 2008년 물리학상: 마스카와 토시히데(益川敏英), 이학부 졸업 2014년 물리학상: 아마노 히로시(天野浩), 공학부 졸업
동경공업대학 도호쿠대학 나가사키대학 홋카이도대학 고베대학 도쿠시마대학 사이타마대학 야마나시대학	2000년 화학상: 시라카와 히데키(白川秀樹), 이공학부 졸업 2002년 화학상: 타나카 코이치(田中耕一), 공학부 졸업 2008년 화학상: 시모무라 오사무(下村脩), 약학부 졸업 2010년 화학상: 스즈키 아키라(鈴木章), 이학부 졸업 2012년 생리학/의학상: 야마나카 신야(山中伸弥), 의학부 졸업 2014년 물리학상: 나카무라 슈지(中村修二), 공학부 졸업 2015년 물리학상: 카지타 타카아키(梶田隆章), 이학부 졸업 2015년 생리학/의학상: 오무라 사토시(大村智), 학예학부 졸업

세 번째 이유는, 노벨상을 받은 연구를 어디에서 했냐는 것을 찾아보면 교토대가 더 압도적이어서다. 도쿄대의 경우, 도쿄대 졸업생이 노벨상 수상을 많이 한 것은 사실이나, 도쿄대학에서 한 연구가 수상한 경우는 적다. 대체로 도쿄대학 출신의 수상자의 경우 도쿄대학 졸업생이 해외 연구기관에서 연구한 성과가 노벨상으로 이어진 것이 많다. 반면 교토대의 경우, 교토대 학부 졸업생이 노벨상을 수상한 경우도 많기도 하지만, 타 대학 학부 졸업생이 교토대에서 연구를 해서 나온 성과가 노벨상으로 이어진 것도 많다. 예를 들어, 2008년에 노벨 물리학상을 받은 마스카와 토시히데(益川敏英) 교수와 코바야시 마코토(小林誠) 교수의 경우, 학부는 나고야대학을 나왔지

만, 노벨상을 받은 연구내용은 교토대학에서 한 연구이다. 또, 2012년 노벨 의학상을 받은 야마나카 신야(山中伸弥) 교수는 고베대에서 학부를 마쳤지만, 노벨 의학상을 받은 연구내용은 교토대에서 한 연구이다.

이러한 노벨상 수상자와 수상내역의 차이는 교토대가 중요시하는 자유로움이 상식과 분위기에 얽매이지 않고, 가끔은 미친소리를 듣는, 연구환경과 연구자의 마음가짐에서 오는 것이 아닐까 하는 해석을 일본 내에서 하기도 한다.

필즈상에서도 비슷한 양상이 보인다. 필즈상은 국제수학연맹(International Mathematical Union)이 4년마다 주최하는 세계수학자대회(International Congress of Mathematicians)에서 만 40세 미만의 수학자에게 수여되는 최고 권위의 상이다. 수학계의 노벨상이라 불리우기도 한다. 올해 2022년에는 허준이 프린스턴 대학교 교수가 한국계 최초로 필즈상을 수상한 것이 화제가 되었다.

일본인 중에는 현재까지 3명이 수상했다(표 1.5). 1954년에 코다이라 쿠니히코(小平 邦彦) 교수, 1970년에 히로나카 헤이스케(広中平祐) 교수, 그리고 1990년에 모리 시게후미 교수(森重文) 교수다. 하지만, 코다이라 교수는 도쿄대학 이학부 출신이고, 히로나카 교수와 모리 교수는 교토대학 이학부 출신이다.

표 1.5 출신 대학별 인본인 필즈상 수상자

학부 출신 대학	필즈상 수상자
도쿄대학	1954년 수상: 코다이라 쿠니히코(小平 邦彦), 이학부 졸업
교토대학	1970년 수상: 히로나카 헤이스케(広中平祐), 이학부 졸업 1990년수상: 모리 시게후미(森重文), 이학부 졸업

(2) 그 외 제국대학: 홋카이도대, 도호쿠대, 나고야대, 오사카대, 큐슈대

도쿄대와 교토대를 제외한 옛 제국대학은 도호쿠대학(1907년 설립), 큐슈대학(1911년 설립), 홋카이도대학(1918년 설립), 오사카대학(1931년 설립), 그리고 나고야대학(1939년 설립)의 5곳이 있다. 이 대학들은 일본 내에서 은근히 자존심 싸움을 벌인다. 서로 자존심 싸움을 벌이게 된 배경이 있는데, 한두 개 재미있는 일화를 소개한다.

1900년대에 들어 문부성(文部省, 현재 일본의 문부과학성)은 일본의 도호쿠 지역과 일본의 큐슈 지역에 동시에 제국대학을 설립할 예정이었다. 하지만, 국가 재정을 담당하는 대장성(大藏省, 현재의 일본의 재무성)에서 예산을 할당하지 않아, 동시설립계획이 무산되었다. 도호쿠 지역의 모리오카(盛岡)시 출신인 하라 타카시(原敬)는 당시의 내무대신(내무부 장관)을 하면서 후루카와광업(古河鑛業)의 부사장을 하고 있었다. 도호쿠 지역의 관계자가 하라 타카시를 통해 후루카와광업의 기부를 받았는데, 그 재원으로 도호쿠제국대학은 큐슈제국대학보다 4년 이른 1907년에 설립되었다.

또 다른 일화도 도호쿠제국대학과 관련된 일화다. 홋카이도제국대학이 설립되자, 도호쿠제국대학의 농과대학은 홋카이도제국대학의 농과대학으로 흡수되었다. 그래서, 누가 누구의 전신이니 하면서, 티격태격한다. 2021년 현재의 도호쿠대학의 오오노 히데오(大野英男)총장과 홋카이도대학의 호킨 키요히로(寶金清博)총장은 마침 같은 고등학교를 다녔을 뿐 아니라, 고등학교 2학년 때 같은 반의 옆자리에 앉았다고 한다. 각자 서로의 대학을 대표해서 공식석상에서 일부러 티격태격하는 모습을 연출하곤 한다.

한국 독자들의 생각으로는 도쿄대, 게이오대, 와세다대 순으로 일본대학의 랭킹이 설거라 생각하는데, 이는 일본인의 인식과 조금 다르다. 실상은 7개 제국대학(도쿄대, 교토대, 도호쿠대, 오사카대, 나고야대, 큐슈대, 홋카이도대)이 게이오대학과 와세다대학의 동급 또는 상위에 위치한다.

그렇다면, 도쿄대와 교토대를 제외한 옛 제국대학과 와세다대와 게이오대의 양쪽에 합격한 경우, 어느 대학으로 진학하는 경우가 많을지 궁금해할 독자도 있을 것이다. 이러한 대학 진로에 대한 논의는 일본에서 해마다 이야기되고 있다. 한마디로 결론을 이야기하자면, 대체로 옛 제국대학으로 많이 진학하는 경향이 있는데, 예외적으로 와세다대학과 게이오대학으로 가는 경우가 있다고 할 수 있다. 그것에 대해서 자세하게 알아보자.

표 1.6은 옛 제국대 3곳(도호쿠대, 나고야대, 오사카대)과 와세다대/게이오대에 동시에 합격한 학생이 진학을 선택하는 비율을 정리한 것이다. 그 표를 보면, 이과계열의 경우, 확실하게 옛 제국대학에 진학하는 경우가 압도적인 반면, 문과계열의 경우 와세다와 게이오로 진학하는 경우가 많은 듯하다.

하지만, 문과계열이라고 해서, 반드시 와세다와 게이오로만 간다고는 할 수는 없다. 예를 들어, 오사카대 법학부과 게이오대의 상학부에 동시에 합격했을 경우, 게이오대 상학부로 가는 경우가 더 많다. 하지만, 이것은 정당한 비교가 아닐 수 있는 게, 오사카대에는 상학부가 없다.

아무튼, 이과계열의 경우 옛 제국대학을 많이 택하고, 문과계열의 경우 와세다와 게이오를 선택하는 흐름이 형성되는 배경에는 몇 가지 이유가 있다. 하나, 이과계열의 교육과 연구에는 비용이 많이 든다. 국립대학의 경우 그러한 예산이 국가에서 나와서, 큰 투자가 가능하다. 학교 재정을 학생의 학비에 의존해야 하는 사립대학은 재정에는 한계가 있어서, 연구시설과 연구환경에 큰 투자하기가 어렵다. 그래서, 옛 제국대학의 이과계열 연구실적은 사립대에 비해 상당히 많고, 질적인 면에서도 평가가 높다.

반면, 사립대학은 문과계열에 힘을 들일 수밖에 없는 게, 문과계열의 교육에 드는 비용은 그리 크지 않다. 학교 재정수입을 학생들이 내는 학비에 전적으로 의존해야 하는 사립대학의 경우, 이과계열과 문과계열의 학비가 같으면, 문과계열의 수익성이 좋다. 자연스레 사립대학이면 문과계열에 공을 들일 수밖에 없는 것이다.

와세다대와 게이오대에 진학하는 이유 중의 하나로 정재계에 와세다대와 게이오대 출신이 많다는 점을 꼽을 수 있다. 이는 다음 장에서 설명하겠다.

표 1.6 옛 제국대학과 와세다/게이오의 동시합격자가 입학하는 비율(2018년도)

국립대학	입학비율		사립대학
도호쿠대 – 법	0%	100%	와세다대 – 법
도호쿠대 – 공	83%	17%	게이오대 – 이공
도호쿠대 – 공	100%	0%	와세다대 – 창조이공
나고야대 – 공	83%	17%	와세다대 – 창조이공
오사카대 – 법	33%	67%	게이오대 – 상
오사카대 – 법	80%	20%	와세다대 – 법
오사카대 – 공	100%	0%	게이오대 – 이공

출처: 週刊朝日(2018年12月21日号)

또 다른 기준으로 옛 제국대학과 와세다/게이오 대학을 비교해보자. 이번에는 연구실적이나 연구환경 면으로 평가할 텐데, 여기서도 옛 제국대학이 와세다대와 게이오대보다 나은 평가를 얻는다.

한 예로 연구실적이 평가지표에 들어가는 "Times Higher Education(THE)"
의 대학 랭킹에 올라간 18개 대학과 QS 대학 랭킹에 올라간 15개 대학을 표
1.7과 표 1.8에 정리한다. 중복되는 대학들이지만, 각 평가 지표의 점수를
같이 나타낸다. 교육지표 외에 연구와 인용에 관한 지표는 대학원, 대학원
내에서도 특히 공대와 의대의 연구 관련 지표들이다. 특히 산업소득은 주로
기업에서 오는 투자금인데, 옛 제국대학이 다른 국립대와 공립대보다 확연
히 많다는 것을 알 수 있다. 이렇듯 연구 성과와 환경에서 보면, 국립대, 특
히 옛 제국대가 와세다대와 게이오대를 앞선다. QS 세계 대학 랭킹이나 상
하이 랭킹(ARWU: Academic Ranking of World Universities) 등의 다른 대학 랭
킹 지표를 봐도 표 1.7과 크게 다르지 않다.

　일본 교수들 사이에서는 국립대에서 커리어를 쌓을지 사립대에서 커리
어를 쌓을지가 하나의 고민이다. 그런 고민이 있을 때에는 "강의보다 연구
를 하고 싶으면 국립대로 가고, 연구보다 강의를 더 하고 싶으면 사립대로
가라"는 말이 있다. 국립대는 연구 환경이 나을 뿐 아니라, 교수 1인당 1년
에 맡아야 할 강의 수와 각 강의의 수강생 수가 적어서 강의의 부담이 없다.
반면, 사립대는 학생 수가 재정과 직결되기 때문에, 교수 1인당 1년에 맡아
야 할 강의 수는 많고, 각 강의의 수강생 수는 국립대보다 훨씬 많아서, 국립
대만큼의 연구시간과 환경을 제공할 수 없다.

표 1.7 THE - World University Ranking 2022

순위	대학	전체	교육	연구	논문 인용	산업 소득	국제화
35	도쿄대	76.0	86.9	90.3	58.2	88.1	42.0
61	교토대	69.6	78.5	78.9	58.3	80.8	38.2
201-250	도호쿠대	50.4–53.9	56.6	58.7	37.8	97.2	49.5
301-350	오사카대	46.1–48.0	51.9	52.1	33.9	90.2	38.4
301-350	동경공업대	46.1–48.0	49.7	56.2	33.2	80.7	46.2
351-400	나고야대	44.1–46.0	44.3	48.0	41.4	97.9	35.4
401-500	산업의과대학	40.9–44.0	25.3	10.9	97.8	40.5	20.2
401-500	요코하마 시립대학	40.9–44.0	26.4	8.9	93.0	43.2	22.3
501-600	홋카이도 대학	38.1–40.8	44.2	38.5	31.3	66.3	41.0
501-600	큐슈대학	38.1–40.8	43.2	37.5	34.0	77.4	42.4
501-600	동경의과 치과대학	38.1–40.8	45.4	28.4	41.3	70.9	29.3
501-600	츠쿠바대학	38.1–40.8	43.6	38.3	37.9	48.1	42.5
601-800	아이즈대학	32.0–37.9	21.7	13.0	52.3	35.9	72.8
601-800	칸사이의과 대학	32.0–37.9	25.4	8.9	80.2	36.1	17.6

601-800	게이오대학	32.0−37.9	32.9	25.0	41.6	45.0	34.7
601-800	고베대학	32.0−37.9	32.9	23.1	41.8	46.0	30.9
601-800	닛뽄의과대학	32.0−37.9	26.8	9.9	64.7	35.1	18.2
601-800	동경도립대학	32.0−37.9	24.6	10.9	59.2	37.1	22.5

출처: THE – World University Ranking 2022
https://www.timeshighereducation.com/world-university-rankings/2022/world-ranking#!/page/0/length/25/locations/JPN/sort_by/rank/sort_order/asc/cols/scores

표 1.8 QS World University Ranking 2023

순위	대학	전체	학계 평판	고용주 평판	논문 피인용	교수1인당 학생비율	외국인 학생 비율	외국인 교수 비율
23	도쿄대	85.3	100	99.7	73.3	91.9	27.8	10.4
36	교토대	81.4	98.6	98.9	54.2	94.8	22.1	14.9
55	동경공업대	72.5	74.1	93.4	65.9	81.5	37.9	36.1
68	오사카대	68.2	80.2	85.4	59.1	67.4	14.4	25
79	도호쿠대	64.9	71.8	78.1	34.2	98.6	16.4	14.1
112	나고야대	56.3	59.8	54.3	33.9	90.6	20	15.8
135	큐슈대	53.5	56.6	65	26.8	84.9	20.7	15.1
141	홋카이도대	51.9	55.6	60.7	30	77.8	17.2	18.3
197	게이오대	44.1	50.3	91.9	6.6	60.3	12.4	10.6
205	와세다대	42.8	58.7	96.5	4.4	27.2	35.2	28.4
312	츠쿠바대	34.1	33.9	17.5	19.2	63.5	26.5	14
338	히로시마대	31.8	22.4	13	10.3	87.2	17	20.1
363	고베대	30.2	27.3	35.9	9.3	64.1	9.2	8.6
392	동경의과치과대	29	10.6	4.8	15.8	100	16.6	3.2
490	치바대	24.5	16	6.7	11.1	71.8	6.1	8.2

출처: QS World University Rankings 2023
https://www.topuniversities.com/university-rankings/world-university-rankings/2023

마침 표 1.7과 표 1.8이 나온 김에, 일본 대학의 특징을 지적하고자 한다. 일본 대학 특징 중 하나는 일본 대학의 국제화 지표가 낮다는 것이다. 같은 등수에 있는 대학들과 비교하면, 연구 관련 점수는 높으나, 국제화지표에서 점수가 현저히 낮다는 것을 확인할 수 있다. 일본 내에서 국제화 지표가 가장 높은 도호쿠대도 49.5이다. 특히, 저 랭킹의 세계 탑 50개 대학에서 국제화 지표가 50 미만인 곳은 도쿄대와 텍사스대 어스틴 캠퍼스 2곳이다. 나머지는 60점대부터 90점대까지 아주 높다.

2004년 이전까지만 해도, 일본의 국립대학에서 외국인 교원의 채용이 거의 불가능했다. 국립대학에서 외국인 교원이 채용될 수 있어야 한다는 사회적 요구는 2004년 이전에도 있었으나, 받아들여지지 않았다. 국립대학이 자발적으로 채용을 안 한 것이 아니라, 제도적으로 불가능했다. 그 이유는 일본의 국립대학은 2004년 이전까지 문부과학성의 내부조직으로 있었고, 일본의 국립대학의 교원은 공무원 신분이었기 때문이다. 즉, 국가행정조직법상의 시설이었기 때문에, 일본국적이 없는 외국인 교원은 채용할 수 없었던 것이다. 또, 국립대학의 교원의 인사임명권은 문부과학대사(한국에서 말하면 교육부 장관)에게 있었고, 국립대학의 교직원 관리는 국가 책임이었다. 특히, 학장 또는 학부장 등에는 외국인의 임용이 허락되지 않았다.

2004년 4월에 국립대학법인화법에 따라, 국립대학은 문부과학성의 내부조직이 아닌, 독립된 법인이 되었다. 재정은 국가에서 나오지만, 각 대학이 스스로 운영할 수 있게 된 것이다. 그러면서, 국립대학에서 일본국적 미소지자인 외국인 교원이 한둘 채용되기 시작했다. 국립대학의 인사임명권은 학교의 장(학장 또는 총장)이 가지고 있으며, 외국국적의 학장도 임용할 수 있게 되었다.

표 1.9 법인화(2004년 4월) 전의 국립대학과 그 후의 국립대학법인의 비교

	법인화 전의 국립대학 (2004년 4월 전)	국립대학 법인 (2004년 4월 이후)
조직의 정의	국가행정조직법상의 시설 등 기관	법률에 따라 설립되는 독립된 법인
국가의 관여 (목표/ 계획 등)	– 일상적인 주무 대사의 포괄적인 지휘감독에 따름 – 예산/조직상의 요구 등에 대해, 나라의 사정을 사실상 반영	– 대사의 관여는 중기목표의 책정, 중기계획의 인하 등에 한정 – 중기목표의 책정, 중기계획은 인하에 대해서 대학 측의 의견을 배려 – 국립대학법인 평가위원회가 중기목표기간종료 시에 평가(교육연구면은 대학평가/학위수여기관이 평가)
예산상 의 제약	– 조직, 항, 목 등으로 구분되어, 유용 등이 제한됨 – 단위 연도 주의 원칙(지출예산 등의 이월이 제한적)	– 운영비교부금은 주고 끝, 사용 내역은 특정 안 됨 – 운영비교부금은 다음년도에 이월가능 – 자기노력에 의한 잉여금은 사전에 중기계획에 기제된 사용 용도에 충당가능
타법인 으로 출자	– 출자 불가	– 특정기업(TLO, CV, 지정국립대학법인의 특례) 등에 출자 가능
인사 임명	– 문부과학대사의 임명권하에, 관리직의 사무직원인사는 국가가 관리 – 학장, 학부장 등에는 외국인의 임명 불가	– 학장의 임명권하에, 채용/승인 등의 결정도 각 대학의 재량 – 외국인의 학장 등으로의 임용도 가능
급여	– 법령에 정해진 급여체계	– 대학의 재량에 탄력적인 급여 체계가 가능(급여기준은 신고, 공표)

| 복무 | - 국가공무원으로서의 규제(겸업의 원칙금지, 상세한 복무규정 등) | - 각 대학의 재량(독자적으로 정한 취업규정에 따름) |

출처: "H30.9.26国立大学の一法人複数大学制度 等に関する調査検討会議(第1回)資料"
https://www.mext.go.jp/component/b_menu/shingi/toushin/__icsFiles/afieldfile/20
19/03/28/1414767_9.pdf

　국립대학 내에서의 외국인 교원의 채용에 대해서 문부과학성에서도 관심을 기울이고 있으며, 신경을 많이 쓰는 부분이다. 법인화되기 이전에도 국립대에 외국인 교원이 없었던 것은 아니다(표 1.10). 해마다 국립대 내의 외국인 교원의 수와 비율은 꾸준히 늘고 있는 것을 알 수 있다. 하지만, 문부과학성이 비교 대상으로 주목하는 세계 톱 레벨의 대학에서는 외국인 교원의 비율이 40%에 달하고 있어서, 아직까지는 격차가 크다. 일본 대학이 그런 수준까지 외국인 교원의 비율을 늘릴 수 있을지는 미지수다.

표 1.10 국립대학 내 직급별 외국인 교원 수와 비율

연도	국립대 전체 교원 수	외국인 교원 수	외국인 교원 비율(%)	학장	부학장	교수	준교수	강사	조수(구)	조교	조수
1990	53,765	605	1.1			20	59	415	111		
1991	54,289	725	1.3			21	87	439	178		
1992	54,952	819	1.5			29	105	465	220		
1993	55,839	990	1.8			41	141	488	320		
1994	56,673	1,184	2.1			52	186	538	408		
1995	57,488	1,312	2.3			62	259	528	463		
1996	58,258	1,438	2.5			70	273	583	512		
1997	58,855	1,561	2.7			94	322	611	534		
1998	59,557	1,600	2.7			99	368	626	507		

1999	60,205	1,622	2.7		109	396	615	502		
2000	60,673	1,632	2.7		107	424	610	491		
2001	60,973	1,647	2.7		115	426	611	495		
2002	60,930	1,610	2.6		134	408	602	466		
2003	60,882	1,606	2.6		129	451	563	463		
2004	60,897	1,474	2.4		167	493	393	421		
2005	60,937	1,545	2.5		191	565	376	413		
2006	60,712	1,503	2.5		239	619	256	389		
2007	60,991	1,579	2.6		273	616	237		417	36
2008	61,019	1,551	2.5		293	620	185		441	12
2009	61,246	1,638	2.7		324	635	179		478	22
2010	61,689	1,770	2.9		357	689	185		509	30
2011	62,702	1,932	3.1	2	381	730	194		596	29
2012	62,825	1,997	3.2	2	404	755	203		598	35
2013	63,218	2,147	3.4	2	433	792	228		654	38
2014	64,252	2,329	3.6	2	469	827	233		759	40
2015	64,684	2,574	4.0	2	534	882	266		852	38
2016	64,771	2,788	4.3	2	556	905	277		1,013	35
2017	64,479	2,855	4.4	3	567	882	337		1,044	22
2018	64,562	2,972	4.6	3	598	943	317		1,095	16
2019	64,094	3,071	4.8	2	594	962	326		1,171	16
2020	66,407	3,233	4.9	4	595	1,005	339		1,270	20
2021	63,911	3,476	5.4	5	467	744	240		897	13

출처: 文部科学省「学校基本調査」를 바탕으로 필자 작성.
https://www.e-stat.go.jp/stat-search/files?tstat=000001011528

(3) 동경공업대학과 히토츠바시대학

일본의 대학입시에서 도쿄대 수준의 입시를 준비하는 학생은 교토대학도 염두에 둔다. 하지만, 교토는 도쿄에서 많이 떨어져 있어서, 수도권의 고등학생 입장에서 교토대학으로 진학하는 것은 심적으로 부담된다. 그런 고민을 가진 고등학생이 수도권에서 도쿄대학 다음 수준의 국립대학을 찾을 때 이공학대학인 동경공업대학(東京工業大学)과 문과대학인 히토츠바시대학(一橋大学)을 고려한다. 여기서는 그 두 대학을 소개하고자 한다.

동경공업대학은 1881년에 설립된 "동경직공학교(東京職工学校)"로 설립되어 1929년에 대학이 되었다. 메이지시대 초기에 공업입국을 실현하기 위해 산업기술 인재를 육성하기 위해서 설립된 학교이다. 학교의 설립취지대로 동경공업대학는 이공학 계열의 학과만 유지하고 있다. 동경공업대학의 특징이라면, 학부 졸업생의 90% 이상이 그대로 대학원으로 진학한다는 점이다. 그런 배경이 있어, 2016년 4월에 학부과정과 대학원과정을 통합하면서, 기존의 학부분류를 6개의 "학원(学院)"과정 – 이학원, 공학원, 물질이공학원, 정보이공학원, 생명이공학원, 환경/사회이공학원 – 으로 재편했다.

동경공업대학은 흔히 짧게 "동공대(東工大)"라고 불린다. 약자 명칭 때문에 한국에서 "동공대"를 도쿄대학 공학부로 오해되는 경우가 있다. 실제로 2000년 동경공업대학 출신인 시라카와 히데키 교수가 노벨 화학상을 수상했을 때, 그의 출신대학이 도쿄대학으로 오해되기도 했다.

히토츠바시대학은 1875년에 설립된 "상법교습소(商法講習所)"로 설립되어, 1920년에 대학이 되었다. "상법교습소(商法講習所)"란 이름에서 알 수 있듯이, 히토츠바시대학에는 상학부가 설치되어 있다. 일본의 국립대학 86곳 중 상학부가 있는 학교는 2곳밖에 없는데, 그중 하나다.[10] 상학부 외에도, 히토츠바시대학에는 경제학부, 법학부, 그리고 사회학부가 있다. 한 학

---

[10] 히토츠바시대학 외에 상학부가 설치되어 있는 국립대학은 오타루 상과대학(小樽商科大学)이다.

년이 1,000명을 약간 못 미칠 정도로 규모가 작은 대학이다.

히토츠바시대학은 문과계열이라는 점과 소규모 대학이라는 점 때문에, 세계 대학 랭킹에서 이름을 찾아보기 힘든 대학이다. 하지만, 히토츠바시대학의 졸업생은 일본 사회 내부적으로 평판이 높기로 유명하다. 예를 들어, 히토츠바시대학의 로스쿨은 일본 전국의 로스쿨 중 사법시험 합격률이 가장 높은 대학이다. 2005년부터 2017년까지 전국 최고의 사법고시 합격률을 기록했다.

표 1.6에서 옛 제국대학과 와세다대학/게이오대학의 동시합격자가 입학하는 비율을 소개했다. 동경공업대학/히토츠바시대학과 와세다대학/게이오대학에 동시합격자는 예외가 없으면 100%가 동경공업대학/히토츠바시대학으로 진학한다. 일본 사회 내에서 너무 당연하게 받아들이는지, 동경공업대학/히토츠바시대학과 와세다대학/게이오대학의 동시합격자의 진학현황에 대한 통계를 찾을 수 없었다. 그나마 단편적으로 잡힌 통계를 표 1.11에 남긴다.

표 1.11 동경공업대학과 와세다/게이오대학의 동시합격자가 입학하는 비율(2018년도)

국립대학	입학비율		사립대학
동경공업대－제4류	95%	5%	게이오대－이공
동경공업대－제4류	100%	0%	와세다대－창조이공

출처: 週刊朝日(2018年12月21日号)

(4) 게이오대학과 와세다대학

일본 사립대 중 최상위권 명문을 꼽으라면 와세다대학과 게이오대학을 꼽을 수 있다. 이 두 대학은 한국에서도 유명할 것이다. 와세다대학과 게이오대학 정도로 경쟁력이 있는 곳은 국제기독교대학(国際基督教大学, International Christian University)과 죠치대학(上智大学, Sophia University)을 포함한 몇 개 대학을 더 꼽을 수 있다. 하지만, 일본 내에서의 그 두 대학이 가진 특수성과 대학의 규모 때문에 와세다대와 게이오대는 타를 압도한다. 한국에서 고려대와 연세대를 연고대 또는 고연대라 부르듯, 일본에서도 이 두 대학을 우두머리를 따서 "소케이(早慶)"라 부르고, 물론 일부(?)는 "케이소(慶早)"라 부르기도 한다.

와세다대와 게이오대의 일본 내에서의 특수성으로 두 개의 사실을 꼽을 수 있다. 하나는 와세다대와 게이오대의 운영재단은 유치원, 소학교, 중학교, 고등학교도 운영하고 있다는 점이다.11 와세다와 게이오 계열의 유치원, 소학교, 중학교, 고등학교에 들어가면, 와세다대와 게이오대의 진학이 보장된다. 엄청난 비용을 감수하더라도, 지옥 같은 입시경쟁을 치르지 않고 엘리트 코스가 약속된다.

또 다른 하나는 메이지 시대 때부터 정계, 재계, 언론계 등 일본 사회에 많은 인재를 배출했다는 점이다. 게이오의 경우, 유치원부터 들어가서, "그들만의 리그"를 형성하기도 한다. 특히, 게이오 계열의 유치원부터 대학까지 다닌 남자를 "게이오 보이(慶應ボーイ)"라 불러, 한국에서의 수학능력시험과 같은 대학입학시험을 쳐서 게이오대학에 들어온 학생과 차별화해서 부른다.

와세다대학과 게이오대학 사이에는 서로 입학생 성적, 졸업생 네트워크, 스포츠 등 많은 면에서 서로 라이벌 의식이 강하다. 한국에서도 이 두 대학

---

11 게이오는 유치원부터 고등학교까지의 계열학교가 있지만, 와세다는 초등부(소학교에 해당)부터 고등학교까지의 계열학교가 있다.

은 잘 알려져 있는데, 삼성그룹의 이건희 회장은 와세다대를 졸업하고, 이재용 부회장은 게이오대학을 졸업한 것 또한 재미있는 사실이다. 그 두 대학에 대해서 여기서 간단하게 소개하겠다.

먼저, 와세다대학에 대해서 알아본다. 와세다대학은 1882년에 영국의 법과 정치학을 배우기 위해 설립된 "동경전문학교(東京專門學校)"로 시작했는데, 1920년에 대학령에 따라 5개 학부(정치경제학부, 법학부, 문학부, 상학부, 이공학부)의 종합대학이 되었다. 현재는 13개의 학부와 25개의 연구과(대학원)가 있다. 이렇게 큰 대학인데도 불구하고, 의대학부가 없다. 하지만, 학부생 수만 약 40,000명 가까운 큰 대학이다. 짐작하다시피, 졸업생의 네트워크가 커서 사회 곳곳에서 활약 중이다. 굳이 꼽자면, 정치분야에 활약하는 와세다대 졸업생이 눈에 띈다. 와세다대 출신으로 9명이 수상을 역임했는데, 이는 도쿄대 19명 다음으로 많은 숫자다. 현재 일본의 수상, 키시다 후미오(岸田文雄) 수상도 와세다대 출신이다.

한편, 게이오대학은 1858년에 서양학문을 가르치는 "난학술(蘭学塾)"으로 시작했다. 전체이름은 "게이오의숙대학(慶應義塾大学)"인데, 일본에서는 짧게 게이오대학이라 부른다. 대표적인 계몽운동가인 후쿠자와 유키치(福沢諭吉)에 의해 설립되었는데, 그는 현재 일본의 1만엔 지폐에 얼굴이 그려진 인물이다. 1920년에 대학령에 따라 4개 학부(문학부, 경제학부, 법학부, 의학부)의 종합대학이 되었다. 지금은 10개 학부와 14개 연구과가 있다. 정계보다는 재계에서 활약상이 돋보인다. 게이오대학의 졸업생 네트워크는 "미타회(三田会)"라는 일본의 재계에서 영향력이 크다. 필자의 주변에 아르헨티나에서 주재원으로 있던 지인이 있는데, 그는 아르헨티나 현지에서도 미타회의 정기모임이 있어서 종종 참석했다고 했을 정도다.

표 1.12 와세다대학과 게이오대학의 비교

	와세다대학(早稻田大學)	게이오대학(慶應義塾大學)
설립 년도	1882년	1858년
학부	13개: 정치경제학부, 법학부, 문화구상학부, 문학부, 교육학부, 상학부, 기초이공학부, 창조이공학부, 선진이공학부, 사회과학부, 인간과학부, 스포츠과학부, 국제교양학부	10개: 문학부, 경제학부, 법학부, 상학부, 의학부, 이공학부, 종합정책학부, 환경정보학부, 간호의료학부, 약학부
연구과	25개: 법치학연구과, 경제학연구과, 법학연구과, 문학연구과, 교육학연구과, 상학연구과, 기초이공학연구과, 창조이공학연구과, 선진이공학연구과, 환경/에너지연구과, 정보생산시스템연구과, 사회과학연구과, 인간과학연구과, 스포츠과학연구과, 국제커뮤니케이션연구과, 아시아태평양연구과, 일본어교육연구과	14개: 문학연구과, 경제학연구과, 법학연구과, 사회학연구과, 상학연구과, 의학연구과, 이공학연구과, 정책/미디어연구과, 건강매니지먼트연구과, 약학연구과, 경영관리연구과, 시스템디자인/매니지먼트연구 과, 미디어디자인연구과, 법무연구과(로스쿨)
학생수 (2021년)	학부: 38685명 대학원: 8409명	학부: 28667명 대학원: 4802명

출처: 와세다대학과 게이오대학의 홈페이지

일본 대학입학 시험에서, 국립대학의 경우 1년에 2곳 응시할 수 있다. 전기시험에 1곳 그리고 후기시험에 1곳 응시할 수 있다. 하지만, 대체로 전기시험에서 입학정원의 80% 이상을 채운다. 국립대학에 따라서는 후기시

험이 없는 곳도 있다. 그래서, 현실적으로 국립대학은 1년에 1곳밖에 응시
할 수 없다. 반면, 사립대학의 경우 여러 곳을 응시할 수 있다. 그래서, 와세
다대학과 게이오대학의 두 곳에 응시해서 합격하는 것을 쉽게 볼 수 있다.
이럴 경우, 일본 대학생은 어느 대학으로 많이 진학할까? 최근의 경우를 정
리한 것이 표 1.13이다.

표 1.13 와세다대학과 게이오대학의 동시합격자가 가는 대학

와세다 -----2018년----- 게이오				와세다 -----2021년----- 게이오			
정치경제	28.6	71.4	법학	정치경제	71.4	28.6	법학
정치경제	44.4	55.6	경제학	정치경제	60.0	40.0	경제학
법학	13.3	86.7	법학	법학	16.0	84.0	법학
상학	28.6	71.4	상학	상학	41.7	48.3	상학
문학	17.6	82.4	문학	문학	44.4	55.6	문학
문화구상	35.0	65.0	문학	문화구상	66.7	33.3	문학
기간이공	42.3	57.7	이공학	기간이공	42.9	57.1	이공학
창조이공	38.9	61.1	이공학	창조이공	58.8	41.2	이공학
선진이공	54.2	45.8	이공학	선진이공	56.0	44.0	이공학

출처: 東進ハイスクール(https://toyokeizai.net/articles/-/476347)

지난 2018년도의 경우, 와세다대학과 게이오대학의 동시합격자가 선진
이공을 제외한 전체 학부에서 게이오대학으로 진학하는 것을 볼 수 있다. 진
학률의 차이도 크다. 하지만, 시간이 흐르면서 그 흐름은 바뀌고 있다. 가장
최신의 2021년의 경우, 와세다대학과 게이오대학의 동시합격자가 와세다대
학으로 진학하는 경우가 증가하고 있다. 와세다의 정치경제학부와 문화구

상학부로 진학하는 경우는 게이오의 법학부와 문학부의 2배 이상의 진학률을 보인다. 유일하게 게이오대의 법대만이 와세다대학의 법대보다 압도적으로 진학한다. 그 외의 학부에서는 와세다대학으로 많이 가거나, 게이오로 진학하는 경우가 많더라도 와세다대학과의 차이가 예전보다 많이 줄어든 것을 알 수 있다.

하지만, 이런 흐름도 항상 이랬던 것은 아니고, 시대가 바뀌면 또 뒤바뀔 수 있다. 과거부터 그랬다. 예를 들어, 1980년대까지는 와세다대와 게이오대의 동시합격자는 와세다대학으로 가는 경우가 많았다. 하지만, 1990년대에 게이오대학이 후지사와(藤沢) 캠퍼스를 만들고, 새로운 학부를 설치하는 등 노력을 기울이면서 게이오대학으로 가는 경우가 증가했다. 현재 다시 와세다대학이 명성을 되찾고 있는 것은 국제교양학부를 설치하고, 일본 국내 저명한 교수를 끌어들이는 등 개혁에 온 힘을 기울이고 있는 결과라 할 수 있다. 앞으로 이 두 대학의 라이벌 관계가 어떻게 발전할지 지켜보자.

(5) 그 외 사립대학

일본인들과 만나서 대학에 대한 이야기하면, 가끔 "죠리ICU(上理ICU)", MARCH라든가 "칸칸도리츠(関関同立)"라는 단어를 듣게 된다. 일본에서 대학을 다니는 한국인 유학생마저도 잘 모르는 단어일지 모르겠다. 일본인과 대화를 할때, 이런 단어가 있다는 정도는 알아도 괜찮을 듯 하다.

"죠리ICU(上理ICU)"는 종종 "소케이죠리(早慶上理)"라 불리며 와세다대학과 게이오대학과 수준을 나란히 하는 사립대학 그룹을 지칭하는 단어이다. "죠(上)"는 죠치대학(上智大学, 영어로 Sophia niversity), "리(理)"는 동경이과대학(東京理科大学), 그리고, "ICU"는 국제기독교대학(国際基督教大

学)을 지칭한다.

MARCH는 동일본의 5개 명문 사립대학 그룹을 지칭하는 단어이다. M은 메이지대학(明治大学), A는 아오야마가쿠인대학(青山学院大学), R은 릿쿄대학(立教大学), C은 츄오대학(中央大学), H은 호세이대학(法政大学)이다.

칸칸도리츠는 서일본의 4개 명문 사립대학 그룹을 지칭하는 단어이다. 첫 번째 "칸(関)"은 칸사이대학(関西大学), 두 번째 "칸(関)"은 칸사이학원대학(関西学院大学), "도(同)"는 도시샤대학(同志社大学), "리츠(立)"은 리츠메이칸대학(立命館大学)이다.

4. 일본으로 오는 한국인 유학생 수

본 장의 마지막으로 일본에 오는 유학생 수를 소개하고자 한다. 일본에 오는 유학생 수는 1989년 이후로 2019년도까지, 일부 기간 동안 거의 동일한 수준을 유지한 경우를 제외하고, 계속해서 증가하고 있다(그림 1.1). 대학 과정, 대학원 과정, 일본어 교육 등 관계없이 모든 분야에서 증가하고 있다.

다만, 2020년 초에 코로나 사태가 발생하고 난 후, 일본으로의 신규입국이 원칙적으로 금지되면서, 2020년도부터 일본으로 오는 유학생 수는 감소하고 있다. 이 감소가 어느 수준까지 그리고 언제까지 이어질지는 모르나, 코로나 사태가 끝나면 다시 회복되리라 예상되고 있다.

다음으로 일본으로 오는 유학생 수를 출신 국가별로 정리한다. 그 결과가 그림 1.2이다. 일본으로 오는 한국인 유학생 수는 2004년부터 해마다 15,000명과 20,000명 사이를 유지하고 있다. 한일관계가 어느 정도 영향을

그림 1.1 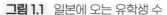 일본에 오는 유학생 수

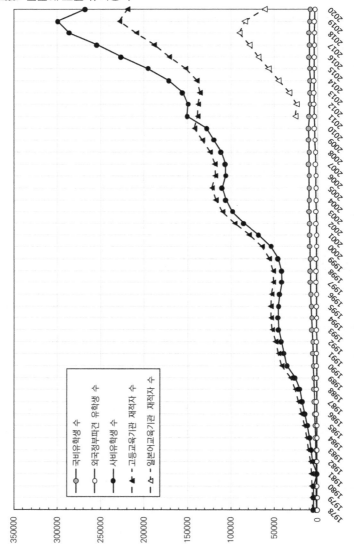

출처: 日本学生支援機構의 "study in Japan - 2020(令和2) 年度 外国人留学生在籍状況調查結果" https://www.studyinjapan.go.jp/ja/statistics/zaiseki/data/2020.html

미치는 것 같기는 하지만, 그래도 일본으로 오는 유학생 수는 일정 수 유지
되고 있다. 한국인 유학생 숫자는 최근까지 중국인 유학생 다음으로 많은 숫
자였다. 2013년까지는 한국인 유학생, 중국인 유학생, 그리고 대만인 유학
생이 전체 유학생의 75% 이상을 차지할 정도였다.

하지만, 2014년부터 베트남과 네팔에서 오는 유학생 수가 2014년부터
급증하고 있는데, 최근에는 한국인 유학생 수를 넘었다. 베트남인 유학생과
네팔인 유학생 수가 급증하고 있는 이유는 당시 2010년부터 중국인과 한국
인 유학생 수가 감소하면서, 위기를 느낀 일본어학교와 다른 학교가 현지의
일본어학교와 연대해서, 유학생을 많이 유치한 결과로 생각되고 있다. 특히
베트남에서는 일본 기업이 많이 진출하고 있어, 현지 학생들에게 일본어를
배우고 일본에서 유학하는 경험은 커리어 면에서 유리하다고 한다.

그림1.2 일본으로 오는 유학생 수

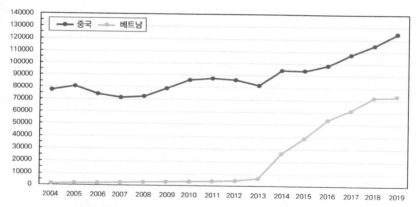

출처: 日本学生支援機構의 "study in Japan"의 데이터를 바탕으로 필자 작성(데이터의 링
크: https://www.studyinjapan.go.jp/ja/statistics/zaiseki/)

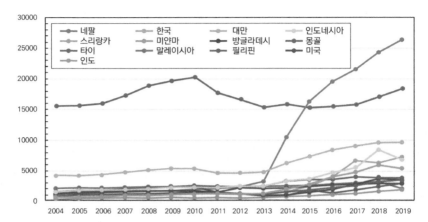

출처: 日本学生支援機構의 "study in Japan"의 데이터를 바탕으로 필자 작성(데이터의 링크: https://www.studyinjapan.go.jp/ja/statistics/zaiseki/)

일본에서의 학부 생활

일본에서는 4월에 학년이 시작된다. 봄/여름 학기는 4월 초에 시작해서 7월 중순 즈음으로 끝나고, 가을/겨울 학기는 9월 중하순에 시작해서 연말 연시의 2주간의 겨울방학을 끼고 1월 말이나 2월 초에 끝난다. 그 후에 봄방학을 1달여 보내어 다음 학년을 준비한다. 일본의 대학생은 이런 생활을 4년 정도 보낸다.

이 장에서는 일본의 대학 진학률에 대해서 알아본 후, 일본에서 대학생이 어떻게 학생생활을 하는지 소개한다. 이 장의 내용은 일본 대학 또는 대학원 유학을 하기 앞서, 어떤 물질적 심적 준비를 해야 하는지 참고가 될 것이다. 그 외에도, 일본에 오지 않고, 한국이나 다른 나라의 대학이나 대학원에 진학할 예정인 독자들도 하나의 사례로 참고하면 될 것이다.

1. 일본 대학 진학률

일본에서는 얼마나 많은 사람이 대학교에 진학할까? 현재 일본의 대학 진학률은 50%가 약간 넘는 정도이다. 이 수치는 다른 선진국에 비해 그렇게 높은 것은 아니다. 학사학위 소지자를 놓고 보면, 2019년도의 경우 일본에서는 인구 100만명당 4,539명이 학사학위를 가진다. 영국의 경우 6,390명, 한국의 경우 6,338명, 그리고 미국의 경우 6,156명으로 일본보다 높다. 독일, 프랑스, 중국은 일본보다 낮다.[12]

일본은 현재 대학 진학률은 해마다 증가하는 추세에 있다. 여기서는 그 점에 대해서 자세하게 알아본다. 표 2.1은 1998년도부터 2019년까지의 고등학교 졸업자 수, 대학 지원자 수, 그리고 대학 입학정원의 추이를 나타낸

---

12 출처: 文部科学省科学技術・学術政策研究所 「科学技術指標 2021」, NISTEP RESEARCH MATERIAL, No.311

표이다. 이것을 보면, 일본의 대학 진학률에 관한 현황을 몇 가지 알 수 있다.

표 2.1 고등학교 졸업자 수/대학(학부) 지원자 수/대학(학부) 입학정원 추이

연도	고등학교 졸업자 수	대학(학부) 입학지원자 수	대학(학부) 입학자 수				대학(학부) 입학정원				대학(학부) 진학률
	합	합	합	국립	공립	사립	합	국립	공립	사립	합
1998	1,441,061	790,423	590,743	107,311	21,205	462,227	515,735	102,526	19,813	393,396	36.4%
1999	1,362,682	756,422	589,559	105,240	22,629	461,690	524,807	99,899	21,011	403,897	38.2%
2000	1,328,940	745,200	599,655	103,054	23,578	473,023	535,445	97,297	21,792	416,356	39.7%
2001	1,327,109	750,331	603,953	103,013	24,125	476,815	539,370	97,357	22,289	419,744	39.9%
2002	1,315,079	756,333	609,337	103,301	24,276	481,760	543,319	97,072	22,399	423,848	40.5%
2003	1,281,656	742,934	604,785	103,762	25,153	475,870	543,818	97,187	22,916	423,715	41.3%
2004	1,235,482	722,227	598,331	103,552	25,074	469,705	545,261	96,525	23,084	425,652	42.4%
2005	1,203,251	699,732	603,760	104,130	26,050	473,580	551,775	96,485	24,063	431,227	44.2%
2006	1,172,087	690,435	603,054	104,027	26,935	472,092	561,959	96,393	25,033	440,533	45.5%
2007	1,148,108	689,673	613,613	102,455	26,967	484,191	567,123	96,278	25,235	445,610	47.2%
2008	1,089,188	670,371	607,159	102,345	27,461	477,353	570,250	95,956	25,462	448,832	49.1%
2009	1,065,412	668,590	608,731	101,847	28,414	478,470	573,223	96,272	26,532	450,419	50.2%
2010	1,071,422	680,644	619,119	101,310	29,107	488,702	575,325	96,447	27,397	451,481	50.9%
2011	1,064,074	674,696	612,858	101,917	29,657	481,284	578,427	96,458	27,742	454,227	51.0%
2012	1,056,387	664,334	605,390	101,181	30,017	474,192	581,428	96,497	27,987	456,944	50.8%
2013	1,091,614	679,199	614,183	100,940	30,044	483,199	583,618	96,512	28,395	458,711	49.9%
2014	1,051,343	661,555	608,247	100,874	30,669	476,704	586,024	96,465	28,823	460,736	51.5%
2015	1,068,989	666,327	617,507	100,631	30,940	485,936	588,962	96,277	28,843	463,842	51.5%
2016	1,064,352	665,237	618,423	100,146	31,307	486,970	593,347	95,981	29,317	468,049	52.0%
2017	1,074,655	679,004	629,733	99,462	31,979	498,292	606,835	95,693	29,858	481,284	52.6%
2018	1,061,565	679,040	628,821	99,371	33,073	496,377	616,697	95,650	32,717	488,330	53.3%
2019	1,055,807	673,844	631,267	99,136	33,712	498,419					53.7%

- 고등학교 졸업자 수: 현역만 집계
- 대학(학부) 입학지원자 수: 현역생 외 재수생 등을 함께 집계. 또, 한 명이 2개 학교 이상을 지원한 경우도 1명으로 집계
- 대학 진학률: 대학(학부) 입학자 수 / 18세 인구
출처: 문부과학성 자료
https://www.mext.go.jp/content/20201126-mxt_daigakuc02-000011142_9.pdf

먼저, 고등학교 졸업자 수를 보자. 한국만큼 출산율이 낮은 것은 아니지만, 일본도 저출산이 진행 중이다. 1998년도부터 2019년도까지 고등학교의 졸업생 수는 해마다 감소하고 있으며, 그 20년 동안 약 40만명의 고등학생 졸업자 수가 줄어든 것을 알 수 있다. 1999년도 고등학교 졸업자 수에 비해 약 27%의 학생 수가 줄어든 것이다.

둘째로, 대학 입학지원자 수의 경우, 1998년도에 79만명이던 대학 입학 지원자는 꾸준히 감소하다가, 2008년도부터 현재까지 67만명 전후의 숫자를 유지하고 있다. 1998년도 대학 입학지원자 수에 비해, 약 15% 정도의 지원자 수가 줄었다. 고등학교 졸업자 수는 27% 줄었는데 비해, 지원자 수는 15% 줄었다. 따라서, 상대적으로 대학에 지원하는 사람의 숫자가 증가하고 있음을 알 수 있다.

셋째로, 대학 입학자 수는 대학 입학지원자의 수보다 조금 적다. 따라서, 대학을 지원하는 거의 모든 학생은 대학에 합격할 수 있을 정도다.

그런데, 국립대학, 공립대학, 그리고 사립대학별로 자세히 들여다보면, 각 대학별로 입학자 수의 경향이 다른 것을 알 수 있다. 국립대학의 대학 입학자의 수는 통계집계 기간 동안 약간 감소하고 있다. 반면, 공립대학과 사립대학의 대학 입학자 수는 같은 기간 동안 늘었다. 이것은 대학의 입학정원의 증감과 관련이 있는 것을 알 수 있다.

대학의 입학정원 증감은 새로 설립된 대학의 수와 관련이 있다. 그림 2.1은 1955년 이후 대학의 수를 국립대학, 공립대학, 사립대학별로 정리한 것이다. 1955년에 72개이던 국립대학은 1990년대에 99개까지 증가했다가, 그 이후 86개로 재편되었다. 그 이후 국립대학 수는 86개로 유지되었다. 반면, 공립대학은 1955년에 34개였는데, 그 수는 1990년대에 들어서 급증한

다. 결국 2020년에는 94개로, 1955년보다 거의 3배 늘었다. 사립대는 특히
나 더 많이 늘었다. 1955년에 122개였던 사립대는 2020년에 615개까지 늘
었다.

그림 2.1 1955년 이후 대학 수

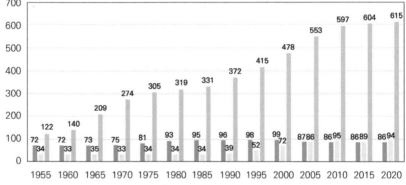

출처: 文部科学省 『文部科学統計要覧』을 바탕으로 필자 작성

여기서 현재 일본의 고등교육제도가 안고 있는 문제를 짚어보고자 한다.
일본은 곧 대학 진학 희망자보다 입학정원 수가 더 많은 시대에 접어든다.
한국과 비슷한 상황이다. 최근에 한국에서는 해마다 대학 기본 역량진단을
해서, 대학구조조정을 진행 중이라 한다. 국립대인데도 불구하고 신입생 충
원율이 100%가 안 되는 일이 최근에 늘고 있고, 특히 지난해에는 국립대 중
하나가 일반재정지원대학에서 탈락한 것이 화제가 됐다. 한국에서는 국립
대와 사립대 가리지 않고 모든 대학들이 치열한 생존경쟁을 벌인다.

대학 간의 생존경쟁이 치열한 것은 일본도 마찬가지이다. 다만, 한국과 다른 점은, 일본에서는 사립대 간의 생존경쟁이 치열하다는 점이다. 일본의 국립대는 수도권과 지방을 가리지 않고 아직까지 3:1 정도의 입시경쟁률을 꾸준히 유지하고 있어서, 입학정원을 못 채운 국립대는 아직 없다.

반면, 사립대에서는 입학정원을 못 채우는 대학이 해마다 나오고 있으며, 그 숫자는 수백 개에 이른다. 2021년도에는 사립대의 50%가 정원을 못 채웠다는 충격적인 뉴스가 나왔다. 도쿄에 있는 사립대도 예외가 아니다. 도쿄에는 117개의 사립대가 있는데, 그중 39개 사립대학에서 정원을 못 채웠다.

일본에서 현재 폐교를 진행하고 있는 곳은 지방 사립대다. 지방에서 사립대의 폐교는 지역 위기이다. 지방 사립대는 교육의 중요성 외에도 지역 산업을 유지한다는 측면이 있다. 대학 하나가 생기면 그 대학 학생과 종사자로 지역 하나가 먹고살 수 있을 정도의 시장이 형성되기 때문이다. 그래서, 지방광역단체는 어떻게든 대학을 유지하기 위한 정책을 마련하고 돈을 쏟아붓고 있다. 그 방법 중 하나가, 지방광역단체가 폐교될 지방 사립대를 세금으로 공립대로 전환하는 방법이다. 그림 2.1에서 일본의 공립대학이 증가하는 것을 볼 수 있었다. 그런 증가는 지방 사립대가 공립대로 전환해서 증가한 것이다. 하지만, 그런 공립대학들은 여전히 위기에 있다. 시장을 이기는 정책은 없다고 하는데, 그런 전형적인 경우라 할 수 있겠다.

2. 대학 생활에 적응하기 위한 1학년

(1) 새로운 학교 생활

이제 일본의 대학생활에 대해서 소개하고자 한다. 한국 사정과 크게 다를 것은 없다고는 하지만, 그래도 약간의 차이가 있다.

고등학교 때까지는 학교가 짜준 일정에 맞추어 수업을 일방적으로 들었다. 일부 학생은 학교에서 듣는 수업도 모자라 학원 등의 학교외 교육기관을 다니며, 학교에서 배운 내용을 보충하고 보강한다. 또, 문제집을 풀어보며, 자신의 이해도를 확인할 수 있다. 시험은 주관식보다는 객관식이 많다.

대학생이 되어, 고등학교 때에 비해 완전히 다른, 새로운 학생생활을 시작한다. 수업일정은 학생이 스스로 짜야 한다. 학교에서 어느 정도 가이드라인을 제시해 준다고는 하지만, 기본적으로 학생이 관심 있는 과목과 자신의 커리어에 필요한 과목을 스스로 선별해서 들어야 한다. 일부 과목은 고등학교 때 배운 내용의 복습이지만, 그 내용의 접근법은 고등학교 때의 교육방식에 비해 다양해지고, 이해도의 깊이는 고등학교 때의 이해수준보다 깊은 수준을 필요로 한다. 자신의 학습을 보강해 줄 학원이나 문제집은 없다. 어쩌면 많은 학생에게 있어서 이전과 다른, 자기에 맞는 새로운 공부법을 찾아야 할지도 모른다. 대학교 1학년 때, 대학에서 강의와 과제는 어떤 것인지, 수강 일정을 어떻게 짤 것인지 등을 확인하며, 앞으로 4년간 계속될 대학 생활에 적응을 시작한다.

(2) 동아리활동

일본에서는 동아리활동에 적극적이다. 소학교, 중학교, 그리고 고등학교를 다니면서, 모두가 동아리를 하나 정도 하면서 학업과 병행한다. 방과후 동아리활동을 안 하고 곧장 귀가하는 학생들을 "귀가부(帰宅部)"라는 하나의 동아리인 양 약간 비꼬듯 부를 정도다. 그래서, 대학에 가서도 동아리에 한두 개 가입하는 게 일반적이다.

동아리활동의 좋은 점은 인적 네트워크를 넓힐 수 있다는 것이다. 고등학교 동창 다수가 같은 대학에 진학하는 경우가 있긴 한데, 그런 것은 예외적이다. 많은 경우, 대다수의 일본의 대학교 1학년은 진학과 동시에 새롭게 인적 네트워크를 형성해야 한다. 학교의 써클활동에 가입하는 것은 네트워크를 만드는 하나의 방법이 될 수 있다. 최근 일본 대학생도 창업에 관심이 많다. 그래서인지, 대학 내에 창업 클럽이 많이 있고, 1학년 때부터 참여하는 경우가 있곤 한다.

다만, 일본 대학교의 동아리활동에는 두 개의 종류가 있다는 것은 알아야 할 것이다. 하나는 "써클(サークル)" 또는 "부카츠(部活)"[13]라 불리는 것인데, 이들은 취미활동이나 친목도모를 목적으로 삼은 동아리활동이다. 반면, "타이이쿠카이(体育会)"는 운동분야에서 취미활동의 레벨을 넘어, 그 분야에 종사자나 전문가라고 보일 정도로 시간을 들여 연습하는 동아리이다. 이런 동아리는 운동분야 말고, 음악분야 등 다양한 분야에 있다. 실제, 대학에서 타이이쿠카이 활동을 하면서, 하부전공과 상관없이 대학졸업 후 실제 프로선수를 하는 경우도 있다. 도쿄대 졸업생 중에서도, 재학 중에 타이이쿠

---

[13] 과학부, 연극부라 부르듯, 써클을 "부"라 부른다. 부활동(部活動)의 약자다.

카이 활동을 하다 프로야구선수나 프로축구선수가 된 경우도 있다.

(3) 새로운 환경 그리고 새로운 인간관계

일본에서는 대학에 진학하면서 지역을 옮기는 경우가 많다. 이 책을 읽는 많은 분들이, 지방에서 도쿄와 수도권에 있는 대학으로 진학하는 경우를 떠올릴지도 모르겠다. 그것도 틀린 말은 아니다. 도쿄대, 동경공업대, 히토츠바시대, 와세다대, 게이오대 등의 명문 대학이 도쿄와 수도권에 모여있는 건 사실이다. 그 외에도, 일본인들에게 이름이 익숙한 다른 사립대들도 도쿄와 수도권에 몰려있다.

하지만, 옛 제국대학이 전국에 흩어져 있고, 앞 장에서 봤듯 일본에서 종합대학이 흔하지 않은 관계로 학생이 원하는 학과가 설치된 학교 또한 여기저기 많이 흩어져 있다. 그래서 대학을 진학할 때 지방에서 도쿄와 수도권으로 이동하는 경우 외에도, 도쿄와 수도권에서 지방으로 이동하는 경우와 어느 한 지방에서 다른 지방으로 이동하는 경우도 많다. 상황이 이렇다 보니, 일본의 많은 대학교 1학년은 낯선 환경에서 새로운 시작을 해야 한다. 그래서, 대학교에서 보내는 첫 1년을 낯선 지역에서 자신의 생활 리듬을 찾는 데에 많은 노력을 기울인다.

새로운 지역에 온 것도 있고 해서, 새로운 인간관계를 형성해야 한다. 입시의 스트레스도 해소하고 처음 만나는 학우를 자연스럽게 만나기 위해, 1학년 때 공식적 그리고 비공식 만남의 (술)자리가 자주 있다. 인간관계를 계산적으로 만들 필요는 없지만, 그런 만남을 통해 알게 모르게 서로 누가 똑똑하고 어느 분야에 재능이 있는지를 확인하게 된다. 결국엔 이러한 모임을 통해서 스터디그룹, 취미그룹, 지연 등의 네트워크가 형성된다. 이 네트워크는 대학 4년간의 학업을 하는 데 있어서 큰 도움이 될 뿐만 아니라, 대학 졸업 후에도 이어진다.

대학 교직원 입장에서 1학년의 무리한 술자리는 언제 문제가 터질지 모르는 시한 폭탄 같은 것이다. 일본에서 법적으로 술은 만 20세부터 마실 수 있다. 일본에서 재수하지 않고 현역으로 대학을 들어오면 만 19세이다. 하지만 대학교에 들어오면서부터 보통 술을 마신다. 이유는 다양하다. 입시에서 해방된 자유를 만끽하기 위해서, 대학생이란 성인을 느끼기 위해서, 또는 단순 호기심 등이다. 대학교 1학년의 그 심정을 모르는 것은 아니다. 실제로 교수들도 모른 체하는 경우가 많은 듯하다. 다만 그러한 자리가 조용히 끝나면 다행이나 그 술자리가 문제를 일으키거나, 다른 문제와 얽혀서 그 술자리가 표면화되면 문제의 심각성이 확대되기도 한다. 일본에서는, 술에 취해서 사회적 문제를 일으킬 경우, 그 문제에 대한 책임을 물어 엄중하게 처벌한다. 직장인이 그런 문제를 일으켰을 경우, 직장에서 바로 잘릴 수 있을 정도다. 따라서 만 20세 미만의 대학교 1학년은 자신의 커리어를 망치지 않기 위해 주의할 필요가 있다.

(4) 독립된 성인

대학생이 되어서 가장 많이 바뀌는 것이 있다면, 그것은 일본에서도 대학생이면 성인 대접을 받는다는 점이다.[14] 이 점 역시 한국과 유사하다. 성인이 되어 보다 많은 자유를 누릴 수 있게 되면서 동시에 그에 따른 책임이 따른다. 어제까지 미성년자라는 이유로 보호받던 고등학생과 전혀 다른 성

---

14 오랫동안 일본에서의 성인은 만 20세를 기준으로 했는데, 2022년 4월부 18세로 낮췄다. 하지만, 만 20세가 되어야만 "공식적으로" 술을 마실 수 있다. 일본에서는 술로 문제를 일으키면, 인정사정 봐주지 않는다.

인이다. 특히, 많은 학생이 대학을 들어가면서 자취를 시작한다. 그러니 사회에서 맞는 다양한 어려움을 스스로 해결해야 하는 것이다.

대다수의 대학생 1학년은 대학을 입학하면서 아르바이트를 시작한다. 아르바이트를 시작하는 이유는 학비 마련, 생활비 마련, 용돈 마련, 실무 경험 쌓기 등 다양하지만, 그 바탕에는 경제적으로 독립된 성인이 되기 위함이라는 목적이 있다. 하지만, 아직 직장인 정도의 지식과 능력은 없어서, 대학교 1학년 때 할 수 있는 일은 한정적이다. 대학교 1학년이라도 스타트업에서 인턴으로 뽑아 바로 현장에 투입하는 경우도 있다고는 들었지만, 대개는 학원 강사, 과외, 식당/카페 보조, 주차장 관리인 등의 아르바이트를 한다. 그래도 일본의 많은 대학교 1학년은 아르바이트를 통해 일 또는 업이라는 게 어떤 것인지 체험하면서, 독립된 경제개체로서 경제관념을 배우기 시작한다.

3. 본격적인 전공과목 강의가 시작되는 2학년

(1) 본격적인 전공강의

대학교 1학년을 보내면서, 대학교 강의란 게 어떤 것인지 파악했을 것이다. 낯선 지역에 혼자 생활하는 법에 대해서 나름의 노하우도 쌓였을 것이다. 또, 이런 저런 만남의 자리를 통해 입시에 쌓인 스트레스도 많이 풀었을 것이다. 한국의 대학에서도 그러하듯, 대학교 2학년이 되면 본격적인 전공과목의 강의가 시작된다. 1학년 때 그 많던 술자리가 뜸해진다. 1학년 때 탱자탱자 놀던 학생도, 2학년이 되면 공부모드를 시작하는 것이다.

이미 대학에 진학하면서, 자신의 전공과 앞으로의 커리어 방향이 어느 정도 정해지긴 했으나, 2학년부터 그것들이 더 구체화된다. 1학년 때는 커리큘럼 선택이 한정적이었다. 거의 모든 과목이 필수과목이기 때문에 과목을 골라들을 수는 없다. 개인적으로 골라들을 수 있다면, 같은 필수과목을 가르치는 교수들 중에서, 자신의 학습법에 맞는 방법으로 강의하는 교수를 고르는 정도다. 하지만 2학년이 되면 과목을 골라야 한다.

여기서도 일본 대학과정의 특징이 하나 있다. 전공과목에 사용되는 교과서가 그 과목을 가르치는 교수가 직접 쓴 경우가 많다는 것이다. 한국에서 서점에 들러 대학 전공서적 교과서 코너를 돌다보면, 일본인 교수들이 쓴 교과서 번역본이 눈에 띄곤 한다. 그럴 만한 게, 일본에는 일본 대학의 교수가 쓴 전공과목 교과서가 많다. 다른 나라의 교수가 쓴 전공과목 교과서를 일본어로 번역한 교과서가 아니다. 일본 대학에 있는 교수가 오랜 기간 쌓은 연구의 지식과 경험을 교과서로 집필한 것이다. 최상위권 대학에서는 그런 경향이 뚜렷하게 나타나는데, 최상위권이 아닌 대학에서도 전공과목에서 쓰는 교과서를 그 과목을 가르치는 교수가 직접 쓴 경우를 흔하게 찾아볼 수 있다. 일반 서적을 한 권 쓰는 것도 쉬운 일은 아니지만, 전공과목의 교과서를 쓴다는 것은 특히나 어려운 일이다. 교과서를 쓸 수 있는 교수가 많다는 사실을 통해 일본의 학문과 연구의 저력을 가늠할 수 있다.

(2) 교환학생

학부 2학년 중에 일본 대학생이 많이 하는 것으로는 교환학생 제도를 꼽을 수 있다. 다른 학년 때보다 학부 2학년 때 많이 간다는 것은 본격적인 전공과목을 시작하기 전에, 해외경험을 쌓고 싶어서일 것이다. 그렇다면, 일본 대학생이 주로 교환학생으로 가는 곳은 어디일까? 그것을 정리한 것이 그림 2.2(57페이지)이다. 이 그림을 보면 몇 가지 발견점이 있는데, 세 가지 정도 언급하고자 한다.

하나는 일본 대학생이 가장 많이 교환학생을 가는 곳은 미국을 중심으로 한 영어권 국가이다. 미국 > 오스트레일리아, 캐나다 > 영국 순으로 가는 것을 알 수 있다. 영어권 다음으로 많이 교환학생 가는 곳은 한국과 중국이다. 2000년대까지만 하더라도 중국에 가는 경우가 많았으나, 2010년대에 들어서 한국에 가는 일본 대학생이 중국에 가는 일본 대학생보다 많다는 것을 알 수 있다. 한일은 기업간에는 경쟁과 협력의 관계를 유지하면서, 정치와 외교 면에서 건설적인 관계를 유지할 때와 소모적인 관계를 반복하는 사이이다. 하지만, 대학생은 그런 분위기에 휩쓸리지 않고 교류가 꾸준히 이루어지고 있고, 그 교류가 증가하고 있는 것이다. 또, 2010년대에는 대만에 가는 일본 대학생이 증가하는 것도 눈에 띈다.

두 번째로는 동남아로 교환학생을 가는 일본 대학생이 증가하고 있는 점이다. 2000년대에 태국과 말레이시아로 가는 교환학생 수는 "기타"에 포함될 정도로 적었다. 하지만, 2010년대에 들어서 태국과 말레이시아로의 교환학생 수는 개별 계산할 정도로 숫자가 늘었다. 일본은 40여 년 전부터 동남아시아 국가들과 중요한 관계를 맺어 왔다. 경제적인 관계로는 동남아시아가 일본의 제조업의 해외 생산거점 기지일 뿐 아니라, 시장으로서 중요한 역할을 하고 있다는 점을 꼽을 수 있다. 정치외교적으로는 일본이 동남아시아 국가와 우호적인 관계를 지속적으로 맺고 있으며, 동남아시아가 ASEAN을 형성하는 데 공을 들였다는 점을 들 수 있다. 최근 동남아시아의 성장이 주목되면서, 자신의 미래를 동남아시아와 연관 지으려는 일본 대학생이 많다는 것을 암시하고 있다.

마지막으로 일본 대학생의 교환학생이 해마다 증가하고 있다는 것을 새삼스럽지만 지적하고 싶다. 나라별로 급등하는 나라와 서서히 증가하는 나라가 있기는 하지만, 전반적으로 해외로 나가는 일본 대학생이 증가하고 있다는 것을 알 수 있다. 2019년도는 약간 감소세를 보이고 있는데, 이것은 2019년도 말부터 시작된 코로나 때문이라 예외적인 현상이라 볼 수 있다. 비록 다른 나라에 비해서 여전히 적은 수일지는 모르지만, 해외를 의식하는 일본의 젊은 세대는 확실히 늘어나고 있는 것이다. 일본의 폐쇄성 또는 갈라파고스화에 대한 이야기는 유명하지만, 일본도 확실히 변하고 있는 것이다.

그림 2.2 일본 대학생이 유학을 가는 대표적인 국가

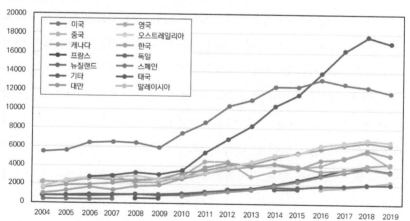

출처: (独) 日本学生支援機構(JASSO)「日本人学生留学状況調査」(JASSO HP: https://www.studyinjapan.go.jp/ja/statistics/nippon/index.html)를 바탕으로 필자가 그래프 작성.

4. 취업을 준비하는 3학년

대학교 3학년은 학교 공부만 하기도 벅찬 시기이다. 본격적인 전공공부를 하면서, 시기적으로 대학 후의 진로에 대해서 고민하는 때이기도 하다. 많은 대학생에게 있어서 태어나서 처음으로 "직장" 또는 "취업"이라는 것을 의식하는 시기이기도 하겠다. 일본의 경우, 학부과정을 마치고 바로 대학원에 갈 생각이 없는 학생은 대개 3학년 진학과 동시에 취업활동을 시작한다. 그래서, 여기서는 대학교 3학년이 어떻게 취업활동을 하는가에 대해서 정리하고자 한다.

이 장은 필자가 취업활동 방법을 추천하거나, 비법을 알려줄 의도로 쓰는 것은 아니다. 또, 기업마다 채용일정과 과정이 달라, 여기에 있는 내용을 모든 기업의 채용활동에 적용할 수는 없다. 다만, 평균적으로 어떤 일정으로 진행되는지, 많은 학생은 어떤 준비를 하는지에 대한 참고정보를 적을 뿐이라는 점, 독자의 양해를 부탁드린다.

졸업까지 아직 시간이 많을 대학교 3학년 때 취업활동을 시작한다는 점은 한국의 독자들에게는 많이 놀라운 정보일지도 모르겠다. 최근에는 상시채용을 하는 기업도 있어서, 대학교 4학년이 되고서 취업활동을 시작하는 경우도 있지만, 많은 일본 대학생은 3학년 때 취업활동을 시작하는 경우가 많다.

이런 일정이 짜여지는 것은 일본의 독특한 "취직/채용활동의 규칙"이 있기 때문이다. 원래는, 흔히 약자로 "게이단렌(経団連)"이라 불리는, 일본경제단체연합회(日本経済団体連合会)가 1953년부터 매년 "취직/채용활동의 규칙"을 발표해서, 회원 기업에게 가이드라인을 제시한다. 그 안에서 기업의 채용활동 스케줄을 정하고 있다. 하지만, 기업 간의 인재채용경쟁이 가열되는 데다, 그런 발상은 더 이상 시대에 맞지 않다는 이유로 그 규칙은 2021년도 졸업생을 마지막으로 폐지되었다. 하지만, 그 규칙이 폐지된 후, 일본 정부에서 기존의 규칙과 비슷한 가이드라인을 만들어 게이단렌에게 그 규칙을 요청하는 식으로 그 규칙은 유지되고 있다.

그렇게 짜여진 기업의 채용과정과 학생의 취업활동의 평균적인 스케줄을 여기서 소개한다. 여기서 독자가 주의해야 할 점이 있다. 앞서 말했듯이, 여기서 설명하는 스케줄은 평균 스케줄을 바탕으로 작성한 것이며, 기업에 따라 여기에 적은 스케줄보다 더 일찍 또는 늦게 하기도 한다는 것이다. 만약 독자가 특정 일본 기업의 채용스케줄에 관심이 있다면, 직접 그 기업의 채용스케줄을 확인할 것을 추천한다. 특히, 외국계 기업 등 게이단렌에 속하지 않은 기업은 "취직/채용활동의 규칙"과 달리 10월 즈음에 채용프로세스를 시작하기에 주의가 필요하다.

평균적으로 기업 설명회는 3학년이 끝나는 3월에 열린다(물론, 기업에 따라서는 훨씬 일찍 기업설명회를 여는 경우가 있어서 주의할 필요가 있다). 하지만, 그 전에 많은 대학생은 취업활동의 준비를 마치고, 그 시점부터 본격적으로 지원서류를 넣거나, 면접을 하면서 본격적인 취업활동을 한다.

3학년 때 할 수 있는 취업준비는 입사지원서/면접의 준비, 업계/기업 분석, 인턴활동 등이 있다. 첫째로, 입사지원서 제출과 면접은 3학년 말부터 본격적으로 기업이 채용과정을 시작할 때 진행한다 하더라도, 그 준비는 3학년 때 한다. 예를 들어, 자기 자신의 능력과 장단점을 분석하고, 그것을 말로써 풀어본다는 연습을 하는 것이다.

둘째로, 업계/기업 분석도 할 수 있다. 대학생이면 경제신문이나 잡지 등의 정보매체를 평소에도 접하고 있을 것이다. 하지만 이때는 자기 나름대로의 관점으로 평소의 이해보다 조금 더 깊은 분석을 해본다. 이 분야가 정말로 자기가 가고 싶은 분야인지, 자신이 이루고자 하는 꿈이 실현되는 분야인지, 또 앞으로의 전망이 어떤지, 그 전망이 좋으면 어떻게 좋고, 그 전망이 나쁘다면 어떤 방법으로 게임체인지가 가능한지 등이다. 또 일찍부터 특정 기업에 관심을 가진 상태라면 그 기업의 이념, 사업내용, 규모, 회사 분위기 등을 자기 나름대로 재해석해 보는 것이다. 그런 분석을 직무레벨까지 떨어뜨려서 해 보는 것도 괜찮을 것이다. 여기서 한 투자는 결국 입사지원서와 면접에서 할 대화를 더 명확하게 하고 풍부하게 하는 데에도 도움이 될 것이다.

대개 기업은 5월부터 여름 인턴십 공고를, 9월부터 가을/겨울 인턴십 공고를 보낸다. 인턴십기간은 대학교 여름방학 기간부터 시작해, 짧게는 며칠 길게는 1달 정도 진행된다. 인턴십의 장점은 학생과 기업이 서로에 대한 정보를 직접 얻을 수 있다는 점이다. 만약 관심 있는 기업이나 업계가 정해져 있지 않다면, 인턴십을 적극 활용할 것을 추천한다. 외국계기업이나 스타트업의 경우 눈에 띄는 학생인턴이 있으면, 바로 기업이 오퍼를 주거나 실무자와 면접을 가져 채용 프로세스를 시작하는 경우가 있다는 것도 염두에 두면 좋을 것이다.

그리고 해가 바뀔 때 즈음, "엔트리시트(エントリーシート)"라 불리는 입사지원서를 쓰기 시작한다. 마음에 내키는 입사지원서가 완성될 때까지 입사지원서를 쓰면서 편집하는 작업을 반복한다. 생각을 글로 옮기는 과정을 통해서 자신의 생각을 정리할 수도 있다. 또, 동시에 면접 연습을 한다. 그렇게 준비를 한 후, 3월 말부터 엔트리시트를 기업에 제출하기 시작하면서, 잡헌팅이 시작된다.

일본에서는 기업 면접을 다닐때, 누가 정한 듯 비슷한 옷차림을 한다. 기업 면접은 서로의 첫 대면인데, 어느 기업이 지저분하게 입고 온 사람을 뽑을 것인가? 누구든 정장 등 포멀웨어를 입고 면접에 임할 것이다. 하지만, 일본에서 대학생이 기업 면접을 다닐 때의 드레스 코드는 그냥 정장을 입는다는 것에 그치치 않는다. 정장은 위아래로 검은 색이고, 면접 시 들고 다니는 가방, 손목 시계, 머리 스타일 등 다양한 것이 정형화되어 있다. 이 기회에 기본을 확실히 잡겠다는 것인지, 이런 의식(?)을 통해서 학생의 때를 벗겨내려는 것인지, 그 의미와 효과에 대해서 의문이 들곤 한다.

5. 졸업논문을 쓰고, 일부는 진학을 동시에 준비하는 4학년

(1) 졸업논문

대학 4학년이 되면, 이제 졸업을 준비한다. 4학년의 초반에는 취업활동이 계속되나, 기업에서 자리 내정을 받기 시작하면서 학생들은 본격적으로 졸업논문 작업에 집중하기 시작한다.

대학 3학년 말에 졸업논문 지도를 받고 싶은 지도교수를 찾는다.15 가고 싶다고 해서 아무 지도교수나 찾아갈 수 없고, 지도교수가 정한 기준(일반적으로 GPA와 수강한 과목과 지도교수 연구분야의 연관성)과 면접을 통해 지도교수가 졸업논문을 지도할 학생을 선발한다. 그리하여, 대학 4학년 시작과 함께, 지도교수의 연구실 또는 세미나에 속하게 된다. 보통 이과계열이면 연구실이라 부르고, 문과계열이면 세미나라 부른다. 말만 다를 뿐, 실질적으로는

---

15 대학과 전공에 따라 연구실이나 세미나에 속하는 것이 3학년에 결정되는 경우도 있다.

같은 개념이다.

각 지도교수별로 졸업논문을 지도하는 방식은 다르다. 몇 가지 예를 소개하자면, 지도교수가 각 학생과 개별면담을 정기적으로 진행하면서 학생의 졸업논문 집필을 진행시키는 경우가 있는가 하면, 졸업 연구실/세미나 내의 대학원생을 붙여서 졸업논문 테마를 정하고 연구를 진행시키는 경우도 있다. 마음에 드는 지도교수가 있을 경우, 3학년 말에 연구실/세미나를 정할 때, 연구실/세미나의 사정을 충분히 조사할 필요가 있다.

(2) 대학원 입학 준비

또, 학부 졸업 후 석사과정으로 진학할 계획이 있는 학생의 경우, 졸업논문을 쓰면서 대학원 입학시험을 준비를 해야 한다.[16] 일반적으로 대학원 입학시험은 8월이나 9월에 있다. 일본의 대학원 진학은 대학원 입학시험과 면접으로 이루어진다.

대학원 입학시험은 필기시험인데, 대학원 전공별로 시험이 있다. 대학 입학시험에서 경쟁을 뚫고 대학에 합격하듯, 대학원 입학시험도 경쟁을 뚫고 합격해야 한다. 학부 때 아무리 나쁜 GPA를 받아도, 일본 내의 대학원 진학에는 영향을 미치지 않는다. 학부 재학시절에 공부를 안 했더라도, 대학원 입학시험을 준비하면서, 필요한 공부를 하게끔 되어 있다. GPA가 안 좋은 학생이라도 대학원 입학시험에서 좋은 성적을 받는다면 일본의 최상위 대학원에 진학할 길이 열린다. 이것은 미국이나 한국의 대학원 입학과 조금 다른 점이라 볼 수 있다.

---

16 학부 졸업 후, 석사과정 진학률 등에 대해서는 다음 장에서 소개하겠다.

(3) 상

졸업식에서는 4년간의 대학 생활의 총평가를 받는다. 모두들 졸업장을 받는다. 하지만, 타의 학생에 비해 우수한 업적을 남긴 학생은 졸업장과 함께 상을 받는다. 미국 대학의 경우, 성적상위 졸업자에게 summa cum laude, magna cum laude, cum laude의 등급을 부여한다. 등수로 매겨지는 것이 아니고, GPA의 구간별로 매겨지고, 수상 인원 수에는 제한이 없는 듯하다.

일본의 경우, 크게 총장상과 학부장상이 있다. 총장상은 학과 관계없이 그해의 모든 졸업생 중에서 우등생을 표창하는 것이고, 학부장상은 각 학과별로 우등생을 표창하는 것이다. 총장상과 학부장상은 기본적으로 4년간의 성적우수상인데, GPA구간을 정해서 주는 것은 아니고, 학생 간의 등수를 매겨 1등부터 몇 명한테 주어지는 것이다. 필자의 경험상 다 해도 10명이 넘는 경우는 본 적이 없는 듯하다. 최근에는 대학에 따라서 학업/GPA 외에도 다른 기준(학업과 다른 교내활동이나 학교 밖에서의 활동)으로 총장상과 학부장상을 주는 경우도 있다. 혹시 독자가 만나는 사람 중에 일본 대학에서 총장상이나 학부장상을 받은 사람이 있다면, 그 사람을 정말 성실한 사람으로 판단해도 괜찮을 것이다.

6. 학부생의 취업률

4학년을 마친 학생들의 취업률을 보자. 그 결과를 나타낸 것이 표 2.2이다. 표 2.2는 문부과학성이 112개 대학의 2020년도 졸업생의 취직상황을 조사한 것이다. 응답한 졸업생의 취직률은 거의 100%에 가깝다. 전년도의 졸

업생보다 취직률이 낮은 것은 코로나 사태가 터지면서 경기가 안 좋아져 낮
아졌다고 생각된다. 그럼에도 불구하고 2020년도 졸업생의 취직률은 거의
100%에 달한다.

한편, 취업희망률은 대학별로 다르게 나타난다. 사립대의 경우 85%의 졸
업생이 취직을 희망하였으나, 나머지의 고등교육기관은 사립대보다 낮은 취직
희망률을 보인다. 이것은 국공립대의 경우 대학원에 진학하는 비율이 사립대
보다 많아서 취직희망률이 낮은 것이고, 단기대학과 고등전문학교는 4년제 대
학으로 편입하는 학생이 많아서 취직희망률이 사립대학보다 낮게 나타난다.

표 2.2 2020년도 대학/단기대학/고등전문학교 졸업자의 취업상황 조사

		취직희망률	취직률	전년도 졸업생 취직률
대학		76.0%	96.0%	98.0%
	그중 국공립대	56.5%	95.9%	98.2%
	그중 사립대	85.6%	96.1%	97.9%
단기대학		78.7%	96.3%	97.0%
고등전문학교		60.3%	100.0%	100.0%
계		75.1%	96.3%	98.0%

112개 대학(국립대 21곳, 공립대 3곳, 사립대 38곳, 단기대학 20곳, 고등전문학교 10곳),
5,690명의 대학/단기대학/고등전문학교 졸업생을 대상
출처: 문부과학성 "2020년도 대학등 졸업자의 취직상황조사"
　　　https://www.mext.go.jp/content/20210615-mxt_gakushi01-000014540_01.pdf

표 2.3은 표 2.2의 설문조사를 문과계열 졸업생의 취직률과 이과계열 졸
업생의 취직률을 비교한 것이다. 학부를 졸업한 상황에서는 문과계열과 이
과계열의 취직률에 별 차이가 없이, 거의 모두 취직하는 것을 알 수 있다. 이
것은 다음 장에서 볼 대학원 졸업생의 취업률과 상당히 다른 양상이다.

표 2.3 2020년도 문과계열 졸업자와 이과계열 졸업자의 취업상황 비교

		문과	이과
대학		96.0%	95.9%
	그중 국공립대	96.3%	94.9%
	그중 사립대	96.0%	96.7%

112개 대학(국립대 21곳, 공립대 3곳, 사립대 38곳, 단기대학 20곳, 고등전문학교 10곳),
5,690명의 대학/단기대학/고등전문학교 졸업생을 대상
출처: 문부과학성 "2020년도 대학등 졸업자의 취직상황조사"
https://www.mext.go.jp/content/20210615-mxt_gakushi01-000014540_01.pdf

위에서 소개한 문부과학성의 설문조사는 112개 대학을 대상으로 한 것
이어서, 위의 결과가 실제의 결과를 반영하는 것은 아닐 수 있다. 특히, 취업
률이 낮은 대학은 해당 설문조사에 응답하지 않았을 가능성이 크다. 다만,
그나마 유추할 수 있는 몇 가지 전반적인 경향은, 국립대학 학부 졸업생은
대학원에 진학하는 비율과 취업하는 비율이 비슷비슷한 반면, 사립대학 학
부 졸업생은 취업을 하는 비율이 매우 높다는 것이다. 또, 단기대학과 고등
전문학교의 경우, 대학으로 편입하는 학생이 많아 사립대보다 취직희망자
가 적다는 것을 유추할 수 있다.

문부과학성의 설문조사를 보완하는 정보로서 아래에 다른 설문조사를
한 결과를 적는다. 아래 설문조사는 2021년도 의과대학과 치과대학 등을 제
외한 전국 570개 대학 졸업생의 취직상황을 조사한 것이다. 졸업생 수가 80
명 미만의 소규모 학부, 통신교육학부 등의 정보는 싣지 않았다. 또, 도쿄대
등 취업과 관련된 정보를 공개하지 않는 대학/학부의 정보도 빠져 있다. 조
사결과는 2021년 8월 6일의 응답을 바탕으로 한다. 이 책에서는 주요학과별
상위 5개 대학만을 소개한다. 전체 설문조사 결과는 여기 링크(https://univ

－online.com/ article/career/16898/)에서 확인할 수 있다.

표 2.4 2021년도 학부별 졸업생 취직률

법학계열

순위	국/공/사	대학 – 학부	취직률	졸업생 수	취직자 수	대학원진학자 수
1	사립	토키와대 – 법	95.2%	170	160	2
2	사립	오사카공업대 – 법	93.5%	155	115	32
3	국립	히토츠바시대 – 법	92.9%	187	144	32
4	사립	니혼분카대 – 법	92.8%	166	154	
5	사립	마츠야마대 – 법	91.1%	229	205	4

취직률 = 취직자 수 ÷ (졸업생 수 － 대학원진학자 수) ×100
출처: 大学通信 https://univ-online.com/article/career/16898/

문학, 인문학, 외국어 계열

순위	국/공/사	대학 – 학부	취직률	졸업생 수	취직자 수	대학원진학자 수
1	사립	메이죠대 – 외국어	95.7%	140	132	2
2	사립	야스다여자대 – 문	92.5%	241	221	2
3	국립	이바라키대 – 인문사회	91.8%	370	326	15
4	사립	이바라키\기독교대 – 문	91.7%	304	276	3
5	국립	미에대 – 인문	91.6%	281	252	6

취직률 = 취직자 수 ÷ (졸업생 수 － 대학원진학자 수) ×100
출처: 大学通信 https://univ-online.com/article/career/16898/

경제 계열

순위	국/공/사	대학 – 학부	취직률	졸업생 수	취직자 수	대학원진학자 수
1	사립	야마토대 – 정치경제	98.2%	117	112	3
2	사립	후지대 – 경제	97.0%	169	163	1
3	국립	노스아시아대 – 경제	96.2%	131	126	
4	사립	기후성덕학원대 – 경제정보	95.9%	146	140	
5	공립	시모노세키시립대 – 경제	95.3%	496	470	3

취직률 = 취직자 수 ÷ (졸업생 수 - 대학원진학자 수) ×100
출처: 大学通信 https://univ-online.com/article/career/16898/

상/경영 계열

순위	국/공/사	대학 – 학부	취직률	졸업생 수	취직자 수	대학원진학자 수
1	사립	야스다여자대 – 현대비지니스	97.8%	178	174	
2	사립	동경도시대 – 도시생활	97.5%	165	153	8
3	사립	아이치학원대 – 상	96.6%	269	258	2
4	사립	카나자와학원대 – 경영정보	95.9%	171	164	
5	사립	아이치공업대 – 경영	95.8%	146	138	2

취직률 = 취직자 수 ÷ (졸업생 수 - 대학원진학자 수) ×100
출처: 大学通信 https://univ-online.com/article/career/16898/

농학 계열

순위	국/공/사	대학 – 학부	취직률	졸업생 수	취직자 수	대학원진학자 수
1	국립	도쿠시마대 – 생활자원산업	98.1%	101	53	47
2	국립	이바라키대 – 농	97.4%	155	112	40
3	사립	메이죠대 – 농	96.4%	348	291	46
4	국립	야마가타대 – 농	96.0%	157	120	32
5	공립	이시카와현립대 – 농	95.9%	128	94	30

취직률 = 취직자 수 ÷ (졸업생 수 - 대학원진학자 수) ×100
출처: 大学通信 https://univ-online.com/article/career/16898/

약학 계열

순위	국/공/사	대학 – 학부	취직률	졸업생 수	취직자 수	대학원진학자 수
1	국립	도호쿠대 – 약	100.0%	86	21	65
2	국립	토야마대 – 약	100.0%	103	59	44
3	사립	메이죠대 – 약	99.6%	229	227	1
4	사립	호시약과대 – 약	98.6%	303	274	1
5	사립	무사시노대 – 약	98.5%	131	128	1

취직률 = 취직자 수 ÷ (졸업생 수 - 대학원진학자 수) ×100
출처: 大学通信 https://univ-online.com/article/career/16898/

이공학 계열

순위	국/공/사	대학 – 학부	취직률	졸업생 수	취직자 수	대학원진학자 수
1	사립	토요타공업대 – 공	100.0%	89	40	49
2	사립	카나자와공업대 – 환경/건축	98.9%	309	272	34
3	사립	후쿠야마대 – 생명공	98.9%	180	173	5
4	사립	아이치공업대 – 공	98.4%	1011	887	110

5	사립	후쿠야마대 - 공	97.4%	161	150	7

취직률 = 취직자 수 ÷ (졸업생 수 - 대학원진학자 수) ×100
출처: 大学通信 https://univ-online.com/article/career/16898/

7. 4년을 넘는 재학에 대해서

이 장을 마무리 짓기 전에, 대학 재학기간에 대해서 조심해야 할 점을 하나 지적하고자 한다. 한국에서는 군대문제, 교환학생, 워킹홀리데이 등의 장기해외연수 등으로 대학에 4년 이상 재학하는 경우를 쉽게 볼 수 있다. 하지만, 일본 기업에서 학부를 4년 이상 하는 것을 좋게 보지 않는 경우가 많다.

예를 들어 일본 기업은 특별한 사정 없이 4년 이상 대학을 다니는 것을 학생의 게으름과 무계획성, 또 심할 경우 무능함으로까지 해석하는 경우도 있다. 일본에서도 한국처럼 나이가 인간관계에 다소 영향을 미치는데, 기업 조직을 운영하는 데 있어서 나이가 적은 상사와 나이가 많은 신입사원을 두는 것이 불편해서 피하려고 하는 것일 수도 있다. 아무튼, 4년 이상 학부를 다녀도 이해를 구할 수 있는 경우는, 창업활동, 교환학생, 고시공부 등, 학생 나름대로 성장을 위해서 재학기간이 길어진 경우이거나 병 치료로 인한 휴학같이 본인 스스로 선택의 여지 없이 졸업을 연기하게 된 경우이다. 좋게 봐주는 것도 1년 정도의 재학기간 연장이다.

표 2.5는 2017년 기준으로 대학을 4년 넘게 다닌 대학과 전공의 상위 10개를 정리한 것이다. 우연인지 모두 문과계열 학과가 상위 10개에 위치한다. 표에서도 알 수 있듯이, 상위 3개가 어학에 관한 것이다. 대다수가 자신의 전공이 되는 언어를 현지에서 습득하기 위해 교환학생을 간 경우라 유추

할 수 있다. 그 외에도 일본 최상위 대학의 법학부와 경제학부 등의 고시준비를 하는 학과도 있는 것이 눈에 띈다.

표 2.5 유년율 상위 10개 대학/전공 (2017년)

순위	대학/전공	유년율
1	오사카대학/외국어학부	67.8%
2	동경외국어대학/언어문화학부	64.5%
3	죠치대학/외국어학부	44.8%
4	도쿄대학/문학부	37.3%
5	교토대학/법학부	33.6%
6	교토대학/문학부	33.3%
7	도쿄대학/법학부	30.9%
8	히토츠바시대학/경제학부	28.0%
9	히토츠바시대학/사회학부	27.1%
10	교토대학/경제학부	26.8%

출처: 『大学の実力』(2017年、読売新聞)

— 3장

일본에서의 대학원 생활

대학생이면 대학을 졸업하고 취업을 할지 아니면 대학원에서 연구를 시작할지 한 번 즈음은 의문을 가진 적이 있을 것이다. 비록 학부과정을 마치고 바로 취업을 선택하더라도, 직장인 생활을 하면서도 대학원 진학에 대한 생각이 문득 떠오를 수도 있다. 한국에서라면 늦은 나이에 뜻이 서서 대학원 진학을 하는 경우를 종종 찾아볼 수 있다. 일본 상황은 어떨까? 본 장에서는 일본의 현실을 알아보도록 한다.

일본의 대학원도 어느 나라와 마찬가지로 석사과정과 박사과정으로 나뉜다. 일본에서는 석사과정을 "박사전기과정(博士前期課程)" 그리고 박사과정을 "박사후기과정(博士後期課程)"이라 부른다.

1. 일본에서의 석사과정

(1) 석사과정 진학률

일본의 석사학위 취득자 수는 다른 선진국에 비해 낮다.[17] 석사학위 취득자를 놓고 보면, 2018년도의 경우 일본에서는 인구 100만명당 588명이 석사학위를 가졌다. 영국의 경우 4,216명, 독일의 경우 2,610명, 미국의 경우 2,550명이었다. 일본의 인구당 석사학위 소지자 비율은 한국의 경우의 약 1/3 정도로 낮다.

일본의 경우 학사학위 소지자 수도 높은 편은 아니었는데, 학사학위 중 얼마나 많은 학생이 대학원으로 진학할까?

---

17 출처: 文部科学省科学技術·学術政策研究所 「科学技術指標 2021」, NISTEP RESEARCH MATERIAL, No.311

그림 3.1은 학부과정 졸업자의 대학원 진학률을 정리한 것이다. 대학원 진학률은 이학, 공학, 농학은 20%에서 40%대 사이로 높게 나타난다. 일본에서 공대생들이 과학자 또는 기술자의 길을 밟기 위해서는 석사과정은 거의 필수라는 인식이 강한데, 그것이 반영된 결과라 할 수 있겠다. 반면, 사회과학, 인문학, 보건(의학)학 순으로 가장 낮고, 이들은 모두 10% 미만의 진학률을 나타낸다.

그림 3.1 분야별 학부과정 졸업자의 대학원 진학률

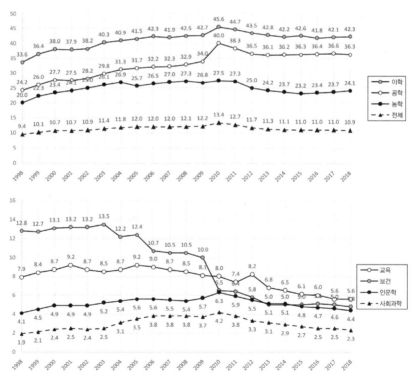

출처: https://www.mext.go.jp/content/1423020_012.pdf

3장_ 일본에서의 대학원 생활 **75**

여기서 나타낸 것은 평균값으로, 전반적인 흐름에 대해서 알 수 있다. 하지만, 대학마다 다른 대학원 진학률을 반영하는 것은 아니다. 그래서 다음 표에서 대학원 진학률에 대해서 더 자세하게 들여다본다.

표 3.1은 대학과 전공별 대학원 진학률을 나타낸 것이다. 전공은 공학부, 이학부, 농학/수산학/생물과학부, 법학부, 문학/외국어학부, 경제/경영/상학부의 6개 분야에 대해서 정리한 것이다.

먼저, 공학부의 경우, 진학률의 가장 높은 3곳은 동경공업대이다. "학원"이라는 것은 동경공업대학 고유의 분류법인데, 일반 학부명과 크게 다를 것이 없다. 동경공업대는 이전부터 90% 이상의 학부 졸업생이 대학원에 진학하는 것으로 유명했다. 그리고 그 밑으로 12위까지 전부 다 국공립대학교가 따르고, 그 학교들 학부생의 석사과정 진학률은 80%를 넘는다.

공학부 학부생의 석사과정 진학률보다는 약 10% 정도 떨어지지만, 이학부와 농학부의 많은 학부생이 석사과정으로 진학하는 것을 볼 수 있다. 공대의 경우와 마찬가지로, 1－2곳 사립대를 제외하면, 모두 국립대에서 석사과정의 진학률이 높은 것을 확인할 수 있다.

한편, 문과계열의 석사과정 진학률은 이과계열의 경우에 비해 매우 낮다. 법학은 문학계열이나 경제학/경영학 계열보다 높은 대학원 진학률을 보인다. 일본에서 법학 관련 대학원은, "법과대학원(法科大学院)"과 "법학대학원(法学研究科)"의 2 종류가 있다. 법과대학원은 로스쿨이다. 로스쿨은 판사, 검사, 그리고 변호사가 되기 위해 사법시험 합격을 목적으로 하는 과정으로, 졸업하면 5년간의 사법시험의 수험자격이 주어진다. 반면, 일반적으로 법학대학원은 연구자가 되기 위한 학위과정이다. 교토대에서 31.9%의 비교적 높은 진학률을 보였으나, 2위 이하로는 진학률이 20%가 안 된다.

법과대학원이 반드시 법학대학원과 개별적으로 설립되어 있는 것은 아니다. 법과대학원이 독립적으로 있는 경우와, 법학대학원 아래 하나의 전공으로 들어가 있는 경우가 있다.

일본의 석사과정 진학 사정을 한 줄로 요약하자면, 문과계열 학부생보다는 이과계열 학부생이 석사과정으로 진학하는 경향이 많은데, 특히 최상위권 국공립대학에서 주로 학부를 마치고 바로 석사과정으로 진학하는 경우가 많다는 것이다. 제1장에서 국립대와 사립대에 동시합격한 경우, 이과계열의 경우 국립대로 많이 진학하는 것을 봤다. 대학원의 진학에서 학부의 진학 경향과 같은 경향을 확인할 수 있다.

표 3.1 대학/전공 별 대학원 진학률(2022년)

	공/이공학부	진학률		이학부	진학률
1	동경공업대 [물질이공학원]	98.3	1	도호쿠대 [이]	85.7
2	동경공업대 [생명이공학원]	89.6	2	동경공업대 [이학원]	84.9
3	동경공업대 [공학원]	89.2	3	도쿄대 [이]	83.6
4	도호쿠대 [공]	87.3	4	교토대 [이]	81.3
5	교토대 [공]	86.8		홋카이도대 [이]	
6	동경공업대 [환경/사회이공학원]	86.4	6	오사카대 [이]	77.7
7	나고야대 [공]	85.7	7	큐슈대 [이]	77.0
8	오사카대 [공]	85.4	8	나고야대 [이]	75.9
9	오사카부립대 [공학역]	84.0	9	오사카시립대 [이]	70.9
10	나가오카기술과학대 [공]	82.7	10	사이타마대 [이]	67.2
11	큐슈대 [공]	81.8	11	히로시마대 [이]	66.4
12	홋카이도대 [공]	81.1	12	오차노미즈여자대 [이]	65.4
13	와세다대 [선진이공]	77.6	13	고베대 [이]	65.1
14	토요하시기술과학대 [공]	77.4	14	효고현립대 [이]	60.9
15	동경농공대 [공]	76.7	15	오카야마대 [이]	60.1

	농, 수산, 생물계학부	진학률		법학부	진학률
1	도호쿠대 [농]	79.9	1	교토대 [법]	31.9
2	교토대 [농]	79.0	2	오사카대 [법]	19.1
3	나고야대 [농]	74.9	3	도쿄대 [법]	19.0
4	홋카이도대 [농]	74.2	4	고베대 [법]	18.4
5	홋카이도대 [수산]	73.8		히토츠바시대 [법]	
6	고베대 [농]	71.5	6	오사카공업대 [지적재산]	17.7
7	큐슈대 [농]	68.5	7	도호쿠대 [법]	15.6
8	츠쿠바대 [생명환경학군]	67.0	8	와세다대 [법]	14.6
9	동경농공대 [농]	63.0	9	나고야대 [법]	14.5
10	도쿄대 [농]	55.7	10	큐슈대 [법]	14.1
11	오사카부립대 [생명환경과학역]	54.6	11	츄오대 [법]	13.9
12	도쿄약과대 [생명과학]	54.6	12	홋카이도대 [법]	12.7
13	동경해양대 [해양생명과학]	53.7	13	소카대 [법]	12.4
14	리츠메이칸대 [생명과학]	51.2	14	오카야마대 [법]	9.1
15	토쿠시마대 [생물자원산업]	50.0	15	히로시마대 [법]	8.7

	문학, 외국어학부	진학률		경제, 경영, 상학부	진학률
1	교토대 [문]	27.5	1	오카야마상과대 [경제]	33.9
2	도쿄대 [문]	22.8	2	호쿠리쿠대 [경제경영]	19.7
3	나라여자대 [문]	17.4	3	도쿄대 [경제]	9.7
4	홋카이도대 [문]	15.6	4	교토대 [경제]	9.5
5	오사카대 [문]	14.2	5	오사카경제상과대 [경제]	8.9
6	고베대 [문]	13.8	6	히토츠바시대 [경제]	8.6
7	오카야마대 [문]	13.7	7	홋카이도대 [경제]	8.2
	오차노미즈여자대 [문]		8	큐슈공립대 [경제]	7.2
	츠쿠바대 [인문/문화학군]		9	도호쿠대 [경제]	5.9
10	교토부립대 [문]	12.7	10	도쿄후지대 [경영]	5.4
11	타카노야마대 [문]	12.5	11	큐슈대 [경제]	5.3

12	나고야대 [문]	11.8	12	오사카대 [경제]	5.2
13	히로시마대 [문]	11.6	13	요코하마국립대 [경제]	4.9
14	와세다대 [문]	10.3	14	죠사이국제대 [경영정보]	4.7
15	도호쿠대 [문]	10.1	15	도쿄국제대 [경제]	4.6
				와세다대 [정치경제]	

출처: 朝日新聞出版 大学ランキング 2022

(2) 석사과정 생활

석사과정은 2년 과정이다. 2년 동안 일본 석사과정에서도 전공에서 지정한 과목을 수강하면서 연구를 한다. 한 가지 일본 석사과정의 특징을 다른 나라의 경우와 비교해서 이야기하자면, 석사과정 중에도 연구 비중이 크다는 것이다. 석사과정 개개인의 연구진행이 잘되면, 일본 국내는 물론 또는 해외 학회에 참석해서 발표하는 기회가 주어진다. 또, 지도교수가 보기에 석사과정 중에 하는 연구가 충분히 잘 진행되었다고 생각되면, 그 성과를 학술논문으로 학술지에 투고하기도 한다. 그러면, 석사과정 중에 제1저자이면서 교신저자로 학술지 논문을 집필할 기회가 생긴다.

일본인이라면 보통 학비는 대체로 부모님께 도움을 받거나, 학자금 대출 등의 방법으로 자신이 충당한다. 또, 대학원 연구와 강의수강으로 바쁘고 힘든 시간을 쪼개서 아르바이트를 하는 경우도 많다. 대학원생이면 학교 밖의 일반 아르바이트 외에도, 학교 안에서 학부생 대상의 teaching assistant, 지도교수가 진행하는 연구 프로젝트의 research assistant, 연구/실험보조 등을 할 수도 있다.

유학생의 경우는 일본인의 경우와 비슷하다. 다만, 비자가 유학생 비자이니, 아르바이트를 할 수 있는 시간과 분야는 비자에서 정한 범주 내에서만

할 수 있다. 그렇다고 비자가 생활비도 못 벌 정도로 아르바이트 활동을 제한하는 것은 아니니, 큰 걱정은 안 해도 되겠다.

다행히 유학생에게는 장학제도의 기회가 많다. 일본에는 수많은 장학제도가 있다. 그중에서 으뜸을 꼽으라면 일본 정부초청 국비유학생제도를 꼽을 수 있다. 이 제도의 유학생으로 선발되면 진학하는 대학원의 학비가 면제될 뿐만 아니라, 장학금 명목으로 현재 기준 매달 144,000엔이 지급된다.18 그 정도 금액이면 개인이 사치하지 않고 생활하기에 딱 맞을 정도의 금액이 나온다. 이 제도가 좋은 것은 석사과정 중의 지원뿐 아니라, 박사과정에 진학할 경우 박사과정 기간 중에도 지원이 계속된다는 것이다. 물론, 재학기간이 표준재학년수보다 길어지면 중간에 장학금이 끊긴다는 점은 주의해야 할 것이다.

(3) 석사과정 후 진로

석사과정을 마친 후의 진로는 어떨까? 결론부터 말하면, 대개는 박사진학보다는 취업을 선택한다. 당연하겠지만 취업하거나 박사로 진학하는 비율은 분야별로 다르다. 분야별로 석사과정 수료자의 진로가 어떻게 다른지 정리한 것이 그림 3.2이다. 이과계열(이학, 공학, 농학)의 경우, 75% 이상의 석사과정 수료자가 취업을 한다. 박사과정으로의 진학을 포함하면 90% 이상의 석사과정 수료자가 진로를 찾는다. 반면, 취업활동을 계속하고 있다는 비율은 무시할 수 있을 정도로 매우 낮다. 이과계열의 석사과정이 취업하는 데 큰 문제가 없음을 암시한다. 표 3.2는 석사과정 수료자가 취업한 분야를 정리한 것인데, 이과계열의 석사과정 수료자는 제조업과 정보통신업을 중심으로 자리를 잡는 것을 알 수 있다.

---

18 금액은 일본의 경제상황에 따라 바뀔 수 있다.

그림 3.2 석사과정 수료 후의 진로

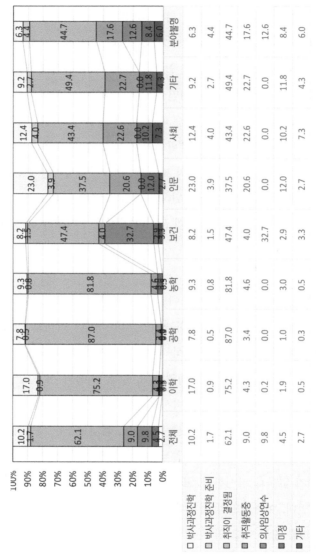

분야	박사과정진학	박사과정진학 준비	취직이 결정됨	취직활동중	의사임상연수	미정	기타
전체	10.2	1.7	62.1	9.0	9.8	4.5	2.7
이학	17.0	0.9	75.2	4.3	0.2	1.9	0.5
공학	7.8	0.5	87.0	3.4	0.0	1.0	0.3
농학	9.3	0.8	81.8	4.6	0.0	3.0	0.5
보건	8.2	1.5	47.4	4.0	32.7	2.9	3.3
인문	23.0	3.9	37.5	20.6	0.0	12.0	2.7
사회	12.4	4.0	43.4	22.6	0.0	10.2	7.3
기타	9.2	2.7	49.4	22.7	0.0	11.8	4.3
분야불명	6.3	4.4	44.7	17.6	12.6	8.4	6.0

출처: https://www.nistep.go.jp/wp/wp-content/uploads/NISTEP-RM310-SummaryJ.pdf

반면, 문과계열(인문, 사회)의 석사과정 수료자 중 취업을 하는 경우는 50%가 채 안 된다. 박사과정으로 진학하는 경우를 포함해서 60% 정도이다. 취업활동을 계속하고 있다는 비율이 20%가 넘는다. 이것을 보면, 문과계열의 대학원을 나왔을 경우, 취업이 어렵다는 것을 알 수 있다.

위에서 확인했듯이 박사과정으로 진학하는 경우는 드물다. 예전부터 박사과정의 진학은 그리 많은 것은 아니었으나, 최근은 박사과정의 진학률이 예전보다 낮다. 그림 3.3은 석사과정 수료자가 박사과정으로 진학하는 수와 비율을 나타낸 것이다. 몇 번의 예외를 제외하고, 석사과정 수료자가 박사과정으로 진학하는 경우는 이 통계가 시작된 해인 2000년부터 꾸준히 감소하다가, 2012년부터 약 9%대를 유지하고 있다. 즉 10명 석사학위 소지자 중 1명 정도만 박사과정으로 진학하는 것이다.

표 3.2 석사과정 수료 후 취업한 경우의 직장 사업내용

	전체	이학	공학	농학	보건	인문	사회	기타	분야 불명
농업, 임업, 어업	0.9	1.0	0.1	11.3	0.0	0.3	0.3	0.1	0.0
광업, 채석업, 자갈채취업	0.3	0.3	0.5	0.0	0.0	0.0	0.0	0.0	0.0
건설업	5.2	1.5	11.1	2.9	0.0	2.4	1.9	0.9	1.7
제조업	30.9	33.0	53.4	31.8	9.8	4.9	11.6	3.4	14.7
전기/가스/열 공급/수도업	2.8	2.0	5.7	1.0	0.2	0.3	1.2	0.3	2.7
정보통신업	11.2	26.1	12.8	6.7	1.3	15.2	15.8	7.5	20.6
운송업, 우편업	1.5	0.6	2.4	1.3	0.1	1.7	2.4	0.3	3.2
도매업	0.6	0.4	0.4	2.1	0.4	1.4	1.1	1.0	0.0

소매업	1.1	0.7	0.3	2.1	1.5	3.1	2.7	1.2	0.0
금융업, 보험업	1.6	2.6	0.6	1.8	0.6	2.7	7.1	0.2	2.5
부동산업, 물품대여업	0.4	0.1	0.4	0.0	0.0	1.0	2.1	0.5	0.0
학술연구, 전문/기술서비스업	6.6	10.9	4.7	10.8	5.9	7.6	11.6	2.8	0.0
숙박업, 음식서비스업	0.5	0.1	0.4	0.6	0.2	0.6	0.6	0.0	0.0
생활관련 서비스업, 오락업	0.2	0.5	0.4	0.4	0.1	0.4	1.3	1.4	0.0
교육, 학습지원업	7.0	3.9	0.4	1.1	2.7	25.1	5.5	61.2	10.0
의료, 복지	18.7	6.9	0.7	5.6	71.2	3.9	4.3	8.1	23.2
서비스업	2.7	2.0	1.8	2.8	0.9	4.3	10.9	2.5	3.0
공무	4.9	3.3	1.9	11.1	3.6	17.0	13.7	6.3	12.0
기타	3.0	3.8	2.1	6.6	1.5	8.1	6.0	2.5	6.5

출처: https://www.nistep.go.jp/wp/wp-content/uploads/NISTEP-RM310-SummaryJ.pdf

그림 3.3 석사과정 수료자의 진학률

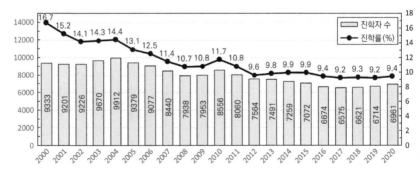

출처: https://www.nistep.go.jp/wp/wp-content/uploads/NISTEP-RM310-SummaryJ.pdf

박사과정으로 진학률이 낮은 이유를 알아본다. 그림 3.4는 그림 3.2의 응답자에게 박사과정으로의 진학이 아닌, 취업을 선택한 이유를 복수선택으로 물은 것이다. 크게는 "사회에서 일을 하고 싶다(67.9%)"는 것과 "경제적으로 자립하고 싶다(62.3%)"는 게 학과에 관계없이 공통적으로 가장 높은 응답이다. 한마디로, 학생생활과 가난한 생활은 그만하고 싶다는 것이다.

그다음의 이유가 "박사과정에 진학하면 앞길이 보이지 않아서(38.3%)", "박사과정 진학하면 수료 후의 취업이 걱정되어서(32.5%)", "박사과정에 드는 비용에 대해, 생애소득 가성비가 안 좋아서(30.6%)"이다. 한마디로, 박사과정 수료 후, 취업이 어렵다는 이유다. 박사학위를 받고 바로 대학이나 연구소에 자리를 잡을 수 있으면 좋겠으나, 현실적으로 연구직의 수는 한정되어 있어, 박사학위 후 취업하기가 석사학위 받은 후와 비교해 많이 어렵다.

또, 박사학위를 받았다고 해도, 석사학위를 받은 사람이 받는 급여보다 훨씬 많은 급여를 받는 것도 아니다. 석사학위 소지자가 회사에 들어가서 처음으로 받는 임금과 박사학위 소지자가 회사에 들어가서 처음으로 받는 임금은 3만엔－5만엔 정도 차이가 난다. 따라서, 석사학위를 받고 회사에 들어간 후, 3년 정도 일을 했을 때 받는 월급하고 박사학위를 받은 후 회사에서 받는 월급하고 차이가 없다. 그래서, 박사학위를 받더라도 임금 면에서 이점이 없다.

한편, 회사가 박사학위 소지자를 우대하기는커녕, 박사학위 소지자에 대해서 부담을 느끼는 경우도 있다. 그것은 선입견에서 오는 것이다. 그런 선입견의 예를 몇 가지 소개한다. 먼저, 일본 회사에서는 대개 박사학위 소지자는 자기 전공 외 다른 분야는 완전히 문외한일 것이라 생각한다. 또, 한

분야를 깊게 파면, 융통성이 적고, 조화를 중요시하는 일본 회사 분위기를 파괴할 것이라 생각한다. 그 외에도, 나이의 문제도 있을 것이다. 일본도 인간관계에 있어서 나이가 중요한데, 나이가 적은 관리자가 나이 많은 박사학위 소지자를 다루기 어려워한다.

결론을 말하면, 일본 사회에서는 박사학위를 받으면 연구자 외의 취업길이 잘 열리지 않는다. 박사과정을 수료하면 취업이 어렵고 인생설계가 어려울 것 같다는 이유로 석사과정 수료자의 대부분은 박사과정의 진학을 단념하고 취업하는 게 일반적이다. 뒤집어서 말하면, 저런 문제가 해결되면, 일본의 박사과정 진학률이 높아질 가능성이 있다고도 볼 수 있겠다. 실제로 일본 정부는 저런 문제를 해결하기 위해 노력 중에 있다.

혹시 독자 중에 장래에 일본에서 커리어를 쌓을 목적으로 일본에 올 뜻이 있다면, 박사과정으로 오는 것보다 석사과정으로 오는 것이 취업할 가능성이 높다고 볼 수 있다.

그림 3.4 취업을 선택한 이유

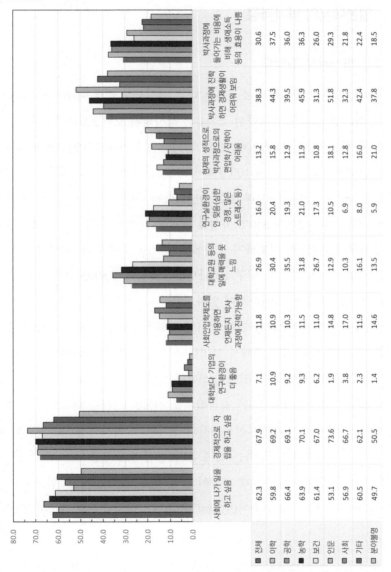

이유	전체	이학	공학	농학	보건	인문	사회	기타	분야불명
사회에 나가 일을 하고 싶음	62.3	59.8	66.4	63.9	61.4	53.1	56.9	60.5	49.7
경제적으로 자립을 하고 싶음	67.9	69.2	69.1	70.1	67.0	73.6	66.7	62.1	50.5
대학보다 기업의 연구환경이 더 좋음	7.1	10.9	9.2	9.3	6.2	1.9	3.8	2.3	1.4
사회인학제도를 이용하면 언제든지 박사 과정에 진학가능함	11.8	10.9	10.3	11.5	11.0	14.8	17.0	11.9	14.6
대학교원 등의 일에 매력을 못 느낌	26.9	30.4	35.5	31.8	26.7	12.9	10.3	16.1	13.5
연구실환경이 안 맞음(실험 경쟁, 많은 스트레스 등)	16.0	20.4	19.3	21.0	17.3	10.5	6.9	8.0	5.9
현재의 성적으로 박사과정으로의 편입학/진학이 어려움	13.2	15.8	12.9	11.9	10.8	18.1	12.8	16.0	21.0
박사과정에 진학 하면 경제생활이 어려워 보임	38.3	44.3	39.5	45.9	31.3	51.8	32.3	42.4	37.8
박사과정에 들어가는 비용에 비해 생애소득 등의 효용이 나쁨	30.6	37.5	36.0	36.3	26.0	29.3	21.8	22.4	18.5

출처: https://www.nistep.go.jp/wp/wp-content/uploads/NISTEP-RM310-SummaryJ.pdf

2. 일본에서의 박사과정

(1) 박사과정 진학률

앞서, 일본의 석사학위 소지율은 다른 선진국에 비해 아주 낮다고 설명했다. 하지만, 일본의 박사학위 소지율은 석사학위 소지율보다 현저히 더 떨어진다.[19] 일본에서 인구 100만명당 박사학위 소지율은 150명이 안 된다. 2000년도부터 2019년까지 100명에서 150명 사이를 겨우 유지하는 정도이다. 독일의 경우, 2000년도부터 2019년도까지 매년 인구 100만명당 박사학위 소지율이 300명에서 350명 사이를 유지했다. 영국의 경우, 인구 100만명당 200명에서 350명 정도까지 증가했고, 증가추세에 있다. 미국과 한국은 비슷한 양상을 보이는데, 인구 100만명당 150명에서 300명 정도까지 증가했으며, 영국과 같이 증가추세에 있다.

위에서 박사과정으로의 진학이 아닌 취업을 선택한 이유에 대해서 알아봤고, 그 사회적 배경에 대해서 설명했다. 그렇다면 그런 대다수의 흐름과 반하여 일본에서 박사과정 진학을 선택한 사람들은 어떤 뜻이 있어서 진학하게 되는 것일까? 그림 3.5는 박사학위를 취득한 사람을 대상으로 박사과정에 진학한 이유를 물어본 설문조사의 결과이다. 박사과정으로 진학한 가장 큰 이유 3가지가 "연구하는 것에 흥미/관심이 있어서(67.7%)", "자기자신의 능력과 기능을 높이는 데 관심이 있어서(58.0%)", 그리고 "연구하고 싶은 과제나 문제의식이 있어서(53.9%)"이다. 즉, 연구활동에 관심이 있어서

---

19 출처: 文部科学省科学技術・学術政策研究所 「科学技術指標 2021」, NISTEP RESEARCH MATERIAL, No.311

그림 3.5 박사과정으로 진학하는 이유

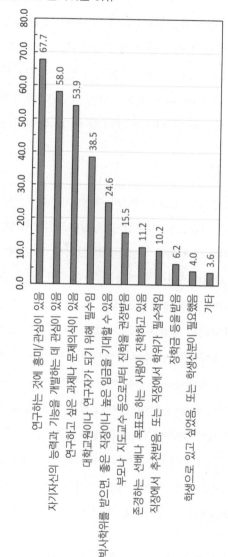

출처: https://www.nistep.go.jp/wp/wp-content/uploads/NISTEP-RM317-FullJ.pdf

진학을 한 것이다.

반면, 박사학위 취득 후 취업의 길이 열린다거나 소득이 올라간다는 것을, 박사과정에 진학한 이유로 꼽은 경우는 적다(24.6%). 그림 3.4에서 박사과정에 진학하지 않는 이유가 취업이 어렵고 인생설계가 어려울 것 같다는 이유라고 했다. 그림 3.4와 다른 설문조사인 그림 3.5에서 박사과정에 진학하는 것이 취업에 도움이 안 된다는 것이 한 번 더 확인된 셈이다.

(2) 박사과정 생활

박사과정은 표준재학 기간이 3년의 과정이다. 한국이나 미국의 대학원생에게서 보면 짧은 기간으로 여겨질 수 있겠다. 하지만, 일본 외에도 3년을 표준박사재학 기간으로 정하는 나라는 몇 있어서, 특별히 여길 것은 없다. 박사과정 재학은 최대한 5년까지 가능하다. 하지만, 재학 중 박사학위를 못 받으면 퇴학처리된다. 일본에서 표준재학 기간을 3년으로 정했지만, 박사학위를 못 받고 퇴학처리된 사람은 드물지 않다.[20] 오래된 통계를 참고하자면, 2008년도의 일본 내에 있는 대학에서 박사학위를 받은 사람 중에서, 표준재학 기간 3년 이내에 박사학위를 받은 비율은 51%이다. 분야별로 다른데, 보건(의학)학에서 75%, 이학/농학에서 60%, 공학에서 52%였다. 인문과학, 사회과학, 교육학에서는 30%대였다. 표준재학 기간 중에 박사학위를 받는 비율은 시간이 갈수록 더 낮아지는 듯하다. 박사과정 재학 기간이 길어지는 이유는 사회에서 요구하는 연구자의 평균 자질/요건 등이 높아지면서, 그 기준들을 과거의 표준재학 기간 내로는 채우기 어려워졌기 때문이다.

---

[20] 학교와 학과별로 박사학위 요건을 명시한 곳이 있는가 하면, 명시하지 않은 곳이 있다. 박사학위 요건을 명시하지 않은 연구실/세미나에서는 지도교수와 한 번 자리를 가져 박사학위 요건을 확인해보면 좋다.

일본에서 박사과정을 마치고 박사학위를 받으면, 박사과정 "수료(修了)"라 한다. 재학기간 중 박사학위요건에 필요한 과목을 이수만 하고, 박사학위를 못 받고 퇴학처리되면, "학점취득퇴학(単位取得退学)"[21]라 하고, 최종학위는 석사이다. 이럴 경우, 퇴학 후에도 연구를 계속해서 박사학위를 받을 조건(학술지 게제, 저서출판 등)과 박사논문의 집필을 완성하고, 학교에 박사학위 심사를 요구할 수 있다. 그 외에, 학점이수를 안 하고 퇴학할 경우, "만기퇴학(満期退学)" 또는 "중퇴(中退)"라 한다.

박사과정의 생활은 석사과정과 크게 다르지 않다. 전공에서 지정한 과목을 수강하면서 연구를 한다. 석사과정 때와 차이가 있다면, 2개 정도 꼽을 수 있겠다. 하나는 석사과정 때의 과목이수와 연구의 비율보다 훨씬 더 연구의 비율이 높다는 점이다. 정기적(1주에 1번부터 1달에 1번씩) 지도교수와 상담을 하면서 연구를 진행하는데, 거기서 요구되는 연구토론의 질과 성과의 양은 석사과정보다 확연히 높다.

둘째는, 박사과정은 연구자로서의 자질과 가능성을 평가하는 필터링 역할을 한다. 일본 대학의 석사과정은 그나마 스쿨링의 성격이 강해서, 비상식적으로 뒤쳐지거나 문제를 일으키지 않는 이상 석사학위를 못 받는 경우는 없다. 하지만 박사과정의 경우 박사과정을 다녀도 반드시 박사학위 취득이 약속되는 것이 아니다. 그래서, 교수는 박사과정 학생을 뽑을 때부터 그 학생이 박사학위를 받거나 연구자의 커리어를 밟을 역량과 가능성이 있는지를 본다. 석사과정을 지도한 자기 학생이 박사과정을 원하더라도, 교수 입장에서 박사과정에 필요한 역량과 가능성이 그 학생에게 보이지 않으면, 박사과정을 받아주지 않는다. 위에 박사과정 진학률이 낮다고 했는데, 일본인 학

---

21 일본에서는 학점을 "단위(単位)"라 부른다.

생은 박사과정 진학에 조심스럽다는 것도 하나의 이유다. 박사학위를 못 받을 경우, 실무경험은 없고 나이만 많은 상태가 되어, 그 뒤의 커리어가 정말 어려워지기 때문이다.

(3) 박사과정 후 진로

여기서는 박사과정 후 어떤 진로를 걷는지 알아본다. 먼저, 박사를 받은 후 채용된 기관을 알아본다. 문부과학성 산하 과학기술학술정책연구원(NISTEP)에서는 박사과정 수료자의 추적조사를 한다. 여기서 소개할 조사는 2018년도에 일본 대학의 박사과정 수료자를 대상으로, 박사과정수료 후 1.5년이 지난 시점에 실시된 설문조사이다. 설문조사는 15,658명을 대상으로 했고, 그중 3,894명(29.4%)이 이 설문조사에 참가했다. 대개 이런 종류의 설문조사를 할 경우, 설문조사에 당당하게(?) 참여할 여건이 되는 사람이 응답한다. 즉, 박사과정 수료 후 최소한 자리를 잡은 사람들이 설문조사에 기꺼이 응답하고, 그렇지 않은 사람은 설문조사에 응하지 않았을 가능성이 크다. 그래서, 여기서 소개하는 내용은 그래도 잘 나가는 사람들의 설문조사일 수 있다고 추측하는 것이 바람직할 것이다.

박사과정 후의 진로를 정리한 것이 그림 3.6이다. 약 반에 가까운 박사과정 수료자가 대학과 고등전문학원에 근무한다. 그 뒤로 민간기업(27.2%), 공공연구기관(8.4%) 순으로 이어진다. 그리고 그 외에 비영리단체, 개인적으로 사업하는 분야도 있다. 여기서도 박사학위를 받으면 회사로 취직하는 것이 어렵다는 것을 확인할 수 있다. 또, 이 그림에서 박사학위 취득 후 대학과 고등전문학원에 근무하는 비율이 높은데, 대학 커리어 갖기가 쉬운 것이 아닌지 의문이 들지도 모르겠다.

그림 3.6 박사과정 수료 후 채용된 기관

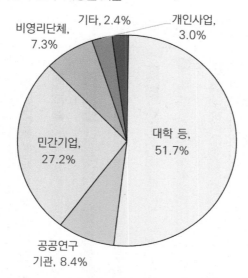

비영리단체,
7.3%

기타, 2.4%

개인사업,
3.0%

대학 등,
51.7%

민간기업,
27.2%

공공연구
기관, 8.4%

출처: https://www.nistep.go.jp/wp/wp-content/uploads/NISTEP-RM317-FullJ.pdf

그림 3.6을 분야별로 정리한 것이 그림 3.7이다. 분야별로 보면, 문과계열(인문, 사회) 박사과정 수료자는 대학과 고등전문학교에 채용되는 비율이 50%를 넘는 반면, 민간기업에 직장을 구하는 경우는 12.9%와 21.7%다. 반면, 이과계열(공학, 이학, 농학) 박사과정 수료자는 대학에 채용되는 비율이 50%에는 못 미치지만, 연구소와 민간기업에 진출하는 경우가 문과계열에 비해서 많다. 그렇다면, 문과계열에서는 박사학위 소지자만 있으면 박사과정 학생이 꿈꾸는 교수의 커리어를 쉽게 구할 수 있는 것인가? 다음에는 박사과정을 받고 취업한 사람들이 어떤 직책에서 직장을 구하는지를 확인한다.

그림 3.7 박사과정 수료 후 채용된 기관(분야별)

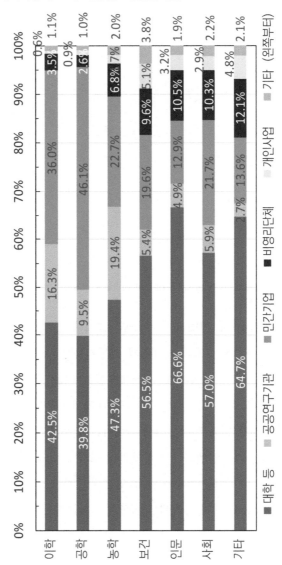

출처: https://www.nistep.go.jp/wp/wp-content/uploads/NISTEP-RM317-FullJ.pdf

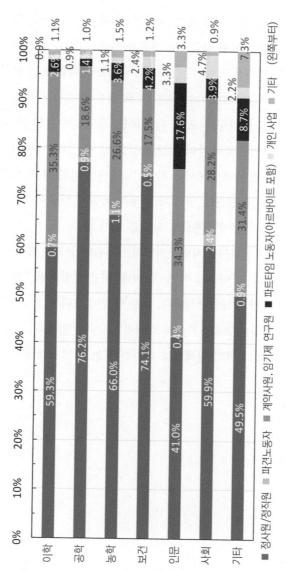

출처: https://www.nistep.go.jp/wp/wp-content/uploads/NISTEP-RM317-FullJ.pdf

　　상당한 비율의 박사과정 수료자가 바로 대학과 고등전문학교로 직장을 구하는데, 대학에서 어떤 직급으로 채용을 할까? 그것을 정리한 것이 표 3.3 이다.[22] 분야별로 적은 것이기는 하지만, 사회를 제외한 모든 분야에서 대학의 전임교원(교수, 준교수, 그리고 강사)으로 채용된 경우는 20% 미만이라는 것이 공통적이다. 대다수가 포닥, 특임교원, 객원교원 등의 짧게는 1년, 길어도 5년의 계약연구직에 자리를 잡는 것을 알 수 있다. 계약이 최장 5년인 이유는 일본의 노동계약법에서는 계약직이 5년을 넘길 경우, 노동자의 신청에 따라 정규직으로 전환될 수 있다고 정해 놓았기 때문이다. 그래서, 계약연구직이 5년이 되면, 계약완료로 자리를 떠야 한다.

　　자리가 전임교원인지 계약연구직인지는 처음에 공고할 때 명시한다. 보통 "임기 없음(任期無し)"이라고 하면 테뉴어를 받은 전임교원, "임기 있음(任期付き)"이라고 하면 계약연구직이다. 혹은 테뉴어 트랙의 전임교원도 계약서 상에는 "임기 있음(任期付き)"이라 적지만, 동시에 "일정 기간 후 평가를 통해 임기 없는 전임교원의 직책으로 전환한다"는 식의 조건문이 달린다.

---

22 일본의 대학교원의 직급에 대해서 많은 독자가 잘 모를 것 같고, 일본 내에서도 많이 헷갈리는 것이 있어서, 1.3장에 정리를 했다. 이 그림을 해석하는 데 참고했으면 좋겠다.

표 3.3 대학, 고등전문학교, 그리고 공공연구기관에서의 직급(분야별)

	포닥(임기제 연구원, 특별 연구원 등)	조교	특임 조교	연구지원자 (연구조수, 실험조수 등)	비상근 강사, 위탁강사	강사 (전임)	교수	준교수	특임 교수	특임 준교수	기타 의료관계 종사자	주임/상석 연구원	연구원	객원교수/ 객원 준교수 등	기타
이학	46.4%	18.0%	5.6%	3.6%	0.9%	8.0%	0.6%	1.6%	0.0%	0.0%	0.6%	0.5%	12.3%	0.0%	1.9%
공학	25.3%	27.5%	5.1%	1.6%	1.6%	16.4%	1.1%	6.8%	0.5%	0.0%	0.8%	2.5%	8.5%	0.0%	2.6%
농학	26.1%	17.5%	6.7%	4.7%	0.0%	10.5%	0.4%	5.6%	0.0%	0.0%	0.0%	3.1%	16.6%	1.0%	7.7%
보건	13.1%	34.2%	9.0%	1.8%	0.3%	12.5%	2.1%	4.9%	0.1%	0.0%	10.9%	0.2%	5.5%	0.0%	5.2%
인문	10.4%	15.3%	7.8%	1.6%	28.2%	18.4%	1.3%	2.9%	0.4%	0.7%	0.0%	0.0%	2.6%	0.2%	10.2%
사회	9.2%	20.4%	3.3%	4.1%	8.1%	29.6%	3.8%	6.3%	0.2%	2.1%	0.0%	0.2%	0.2%	8.7%	3.8%
기타	9.4%	13.6%	11.7%	2.0%	14.7%	25.6%	2.9%	10.4%	0.2%	0.7%	0.0%	0.7%	2.1%	0.2%	5.7%

출처: https://www.nistep.go.jp/wp/wp-content/uploads/NISTEP-RM317-FullJ.pdf

(4) 논문박사

이것은 일본만의 유일한 박사학위제도라 할 수 있겠다. 앞서 적은 내용
은 풀타임으로 박사과정에 재학하며 받은 박사학위에 대한 것이다. 이것을
"과정박사(課程博士)"라고 부른다. 하지만, 일본에서는 그 방법 외에도 논문
박사라는 것이 있다. 논문박사는 박사과정에 재학은 하지 않고, 박사학위 소
지자로서의 역량이 충분하다고 인정된 사람에 대해서, 대학이 박사논문만
을 평가해서 박사학위를 수여하는 경우이다. 이런 경우를 "논문박사(論文
博士)", 짧게 "논박(論博)"이라 부른다.

논문박사제도가 있다고 해서 아무나 논문박사를 신청할 수 있는 것은
아니다. 최소한 석사학위를 가지고 있으며, 공공 또는 민간 연구기관에서 연
구커리어를 충분히 쌓았고, 실적도 과정박사학위 소지자에 부끄럽지 않을
만큼 있는 사람이 신청할 수 있는 제도이다.

다만, 박사학위장에서는 과정박사와 논문박사를 구별한다. 예를 들어,
박사학위를 받으면 박사학위기 번호를 받는데, 과정박사과 논문박사의 박
사학위기 번호 양식이 다르다. 또는, 과정박사의 경우 박사학위장에 "정해
진 과정을 통해(所定の課程を経て)"라는 문구가 들어가는 것이 일반적인데,
논문박사의 경우 박사학위장에 "정해진 논문제출을 통해(所定の論文の提出
により)"라는 문구가 들어가기도 한다.

이 제도의 장점은 형식적으로나마 박사학위를 받을 수 있다는 것과 박
사과정에 재학할 필요가 없어서 경제적 부담과 들어가는 시간이 적다는 점
이다. 흔한 예로, 석사 과정 후 연구소에서 일하고 있는 연구자가 본업을 하
면서 얻은 연구성과를 바탕으로 논문박사를 신청하는 경우다.

단점을 꼽자면, 지도교수의 연구지도를 충분히 못 받는다는 것이다. 또, 지도교수가 있긴 있으나, 논문심사를 위한 형식상 지도교수라는 성격이 강하다. 가장 크리티컬한 단점은 일본 내부에서조차 박사로 인정 못 받는 경우도 종종 있다는 것이다. 실무연구 역량은 충분할지 몰라도, 이론연구와 기초연구 역량이 부족할 수 있다는 이유에서다. 연구소에서 이직을 할 때뿐 아니라 대학에서 교수를 임용할 때, 과정박사인지 아니면 논문박사인지를 확인하기도 한다.

저런 이유로 일본 사회 내부에서 논문박사의 유효성에 대한 의문이 계속 제기되었다. 실제로 논문박사를 신청하는 수는 해마다 줄고 있어서, 형식상 그런 제도만 남아있는 경우가 많다. 몇 년 전부터 논문박사제도 폐지에 대한 논의가 시작되었는데, 이러한 추세라면 장차 논문박사제도는 사라질 수도 있겠다.

3. 일본에서의 대학교원 직급

독자 중에는 일본 대학교원에서 일할 기회를 찾고 있거나, 실제로 오퍼를 받은 독자가 있을지도 모르겠다.[23] 특히, 일본에서 박사학위를 받았다면, 일본 대학에서 아카데믹 커리어를 쌓는 것을 고민할 상황이 생길지도 모르겠다. 하지만, 일본 대학에서 어떤 직급의 오퍼가 왔을 때, 그 직급을 어떻게 해석해야 할지 궁금해할 수도 있겠다.

각 나라별로 대학교원의 직급이 다르다. 한국은 미국식을 따르는데, 유

---

[23] 일본 대학 교원자리는 jREC−IN Portal(https://jrecin.jst.go.jp/seek/SeekTop)에 공고가 난다. 일본 교원자리에 관심있는 독자는 여기에 정기적으로 검색하면 될 것이다.

럽에 가면 나라별로 제각각이었고, 볼로냐 개혁 이후 그나마 다소 표준화된 직급을 사용한다. 일본의 경우는 유럽의 경우와 비슷하다. 하지만, 일본의 대학교원 직급은 직급의 영어 표기법이 달라, 일본 사정을 모르는 사람들에게 오해를 준다. 실제로 필자는 언론매체에서 오역되거나, 한국에서 열린 학회에서 일본 교원을 어떻게 대해야 할지 모르는 경우를 종종 본다. 그래서, 이 기회에 정리하여 소개하고자 한다.

표 3.4에 일본의 대학교원의 직급을 영국과 미국 대학교원의 직급과 비교해서 정리한다. 일본의 교수 직급이 영국과 미국의 교수 직급과 1:1로 매칭되는 것은 아니지만, 공통된 역할을 바탕으로 정리해 본다. 보면 알다시피, 영국식의 직급체계와 미국식의 직급체계가 섞여있다. 일본의 학교교육법에 따르면, 전임교원은 소속대학의 연구활동과 교육활동에 종사하는 사람으로서 교수, 준교수, 강사 혹은 조교를 대상으로 한다.

표 3.4 교원직급

영국	일본(직급의 영어표기)	미국
Professor, Reader	教授(Professor)	Professor
Associate Professor, Senior Lecturer	准教授 (Associate Professor)	Associate Professor
Lecturer, Research Fellow	講師, 専任講師, 助教 (Assistant Professor, Lecturer)	Assistant Professor
Research Associate	助教, 助手 (Assistant Professor, Post doc)	Post doc, Researcher, etc
	特任教授 (Specially Appointed Professor)、	

| | 特任准教授
(Specially Appointed
Associate Professor)
特任○○
(Specially Appointed …) | |

출처: 필자 작성

먼저, (정)교수에 대해서는 오해의 여지가 없다. 그래서 생략한다.

둘째, 일본에서는 "준교수(准教授)"라 하고, 영어로 Associate Professor 이다. 한국에서 부교수라고 불리는 직급과 같다고 생각하면 되겠다. 정년까 지 교수직을 보장하는 테뉴어를 받은 경우가 대다수이고, 교수회의에 참석 하여 대학 업무의 의사결정권을 가지고 있다. 독립된 연구실을 운영하며, 대 학원생을 지도할 수 있다.

셋째, 그다음이 "강사(講師)" 또는 "전임강사(専任講師)"이고, 영어로는 Lecturer 또는 Assistant Professor이다. 대학에 따라 이 직급의 영어명칭이 다르다. 한국에서 조교수라 불리는 직급과 같다. 테뉴어를 받은 경우도 종종 있으나, 대개는 테뉴어 트랙으로 운영된다. 즉, 대학에서 임용된 시점부터 3 년에서 5년간의 연구실적, 강의실적 등으로 테뉴어를 받을 수 있을지가 결 정된다. 교수회의에 참석하여 대학 업무의 의사결정권을 가지고 있다. 다만, 독립된 연구실을 운영하며, 대학원생을 받아 지도할 수 있을지는 대학에 따 라 다르다.

넷째, 그다음이 "조교(助教)"인데, 이 자리가 혼란스럽다. 일본의 학교교 육법 내에서 이 직급의 역할과 조건 등이 명확하게 정의 되어 있지 않고, 실 제로 학교에 따라 다르게 운영하기 때문이다. 이 직급이 위의 강사와 같은 직급으로 테뉴어 트랙으로 운영되는 경우가 있는가 하면, 실질적으로 1 − 2

년 단위의 계약연구직인 포닥인 경우가 있다. 그래서, 이 직급의 영어명칭이 Assistant Professor인 경우와 Post doc인 경우가 있다. 또, 실제로는 포닥인데, "助敎"을 직역해서, "Assistant Professor"라고 번역하는 경우도 종종 있다.

앞서 언급한 강사와 동급으로 취급하는 경우는, 강사와 같은 직급이라 생각하면 되겠다. 이런 경우에는, 독립된 연구실을 운영할 수 있다. 일본의 학교교육법에 따르면, 강사는 "교수나 준교수가 될 가능성이 있는 사람"이라고 명시되어 있으나, 조교에 대해서는 그런 것이 명시되어 있지 않다.

반면에 위와 달리 포닥의 경우는 대개 1−2년 계약연구직이고, 강의를 할 수 없다. 만약 조교가 강의를 하더라도 전체 강의의 일부를 담당하는 정도로 강의 담당자는 표면상 정교수, 부교수, 또는 강사의 이름으로 등록된다. 조교의 직급에서 강의경력을 쌓으려면 소속 대학의 강의의 일부를 담당하거나, 다른 대학의 시간강사 아르바이트를 해야 한다.

"조교(助敎)"와 비슷한 듯 다른 직급은 "조수(助手)"이다. 이 직급은 상사에 해당하는 교수, 준교수, 강사 등의 연구활동과 교육활동을 돕는 직급으로 정의되어 있다. 이 직급은 어느 대학에서도 비슷하게 운영된다.

마지막, 일본 대학에는 "특임(特任)", 영어로 Specially Appointed라는 타이틀이 달린 직급이 있다. 예를 들어, 특임교수(specially appointed pro−fessor), 특임준교수(specially appointed associate professor), 특임강사(spe−cially appointed lecturer) 등이다. 이 자리는 연구프로젝트, 강의 또는 산학업무 등 특별한 목적이 있어서 마련된 수년 정도의 단위로 계약되는 자리이다. 이 직급 역시 교수회의에 참석할 수 없고, 독립된 연구실도 운영할 수 없다.

그럼, 박사학위 취득 후, 정교수까지의 커리어패스가 어떻게 될까? 2007

년까지는 박사학위 취득 후 조수 ⇒ 조교수24 ⇒ 교수 순으로 커리어가 올라
갔다. 2007년 학교교육법 개정을 통해, 직급이 변화가 생기면서 복잡해졌
다. 이론상 박사학위 취득 후 강사/조교 ⇒ 준교수 ⇒ 교수 순으로 커리어가
올라간다. 다른 나라와 같이 일본도 대학교원 커리어의 경쟁이 심해져서, 박
사학위 취득 후 특임자리나 포닥자리를 수년을 하면서, 연구실적과 강의경
력을 쌓은 후 조교/조수나 강사/조교로 채용되는 것이 일반적이다(특임조교/
특임조수 ⇒ (조교/조수 ⇒)강사/조교 ⇒ 준교수 ⇒ 교수). 혹시라도 일본 대학
에서 오퍼를 받는 독자가 있다면, 이 정보를 참고했으면 한다.

---

24 "조교수(助教授)"란 타이틀은 2007년 학교교육법개정 이전에 있던 직급이다. 이 직급은 강의
는 할 수 있었으나, 정교수의 연구실에 소속된 직급으로 독립된 연구실을 운영할 수 없었다.
2007년 학교교육개정법을 통해 조교수의 직급을 없애고, 준교수와 조교의 직급이 생겼다.

한국인 유학생으로서 준비

앞서 일본 대학의 현황과 일본에서의 대학 생활에 대해서 소개했다. 본
장에서는 한국인이 일본에서 유학하는 데 있어서 준비할 것 그리고 마음가
짐을 몇 개 짚으려 한다. 실제로 언뜻 비슷해 보이지만, 다른 한국과 일본의
대학제도 때문에, 유학생이 고생하는 경우가 종종 있다. 특히, 일본에서 공
부를 마치고 한국에 돌아갈 계획이라면 더더욱 그렇다. 그런 것을 잘 모르고
고생하는 학생들을 보면, 마음이 아프다. 준비만 잘하면 충분히 피할 수도
있었을 것인데, 그러지 못하는 것을 바라보면, 안타까울 따름이다. 혹시 일
본 대학이나 대학원 유학을 생각하는 학생이라면, 이 장에 적는 내용을 참고
하면 좋을 듯하다.

다만, 본 장을 시작하는 데 앞서, 독자에게 양해를 하나 구하고 싶다. 본
장에서 쓴 내용은 공식통계자료보다는 필자의 경험과 관찰에 바탕을 둔다.
극히 개인적인 의견을 적은 것이니, 한 개인의 의견에 관심이 없는 독자는
이 장을 건너가도 괜찮을 듯하다. 또, 여기에 적은 것을 모든 대학생의 경우
에 일반화해서 적용하지 않았으면 한다.

1. 학점 관리

필자도 가끔 받아보고 하지만 한국 대학생의 GPA는 대개 높다. GPA가
높은 이유는 우선은 무엇보다도 학생이 공부를 열심히 해서일 것이다. 한국
에서는 대학 입학과 동시에 대학 동기들과 새로운 경쟁에 돌입하여 취업을
위한 스펙 쌓기를 시작한다고 한다. 취업 스펙 중 가장 중요한 3종 세트는
학벌, 학점, 영어라 하는데, 학점이 그만큼 중요하다고 여겨지고 있다.

지금은 일본 대학생도 공부를 열심히 하지만, 한때 일본 대학생은 공부

를 안 하기로 유명했다. 핑계는 아니지만, 일본에는 나름 그럴 만한 이유가 있는데, 그것을 일본의 사회적 문맥에서 설명하고자 한다. 하나, 일본 사회는, 특히 일본 기업에서는 일반적으로 이론적 지식보다 현장의 지식과 경험적 지식을 더 중요시한다. 이 점은 경영학 분야 연구에서 일본 기업의 특징으로 자주 지적되어 온 점이기도 하다. 회사가 이론적 지식보다 현장의 지식과 경험적 지식을 더 중요시하니, 전통적인 일본 회사는 신입사원을 뽑은 후 회사에서 돈을 들여 1년 정도 연수를 시킨다. 현재같이 어려운 상황에도 전통적인 일본 회사 중에는 그 시스템을 유지하는 곳이 많다. 이 과정에서 그 회사에서 일하는 데 필요한 지식을 배우는 것이다. 굳이 대학에서 이론적 지식을 깊게 습득하지 않아도, 회사에서 필요한 공부를 새로 해서, 충분히 일을 할 수 있는 것이다. 실제로 많은 일본 기업에서 학부 졸업생의 신입사원을 뽑을 때, 학생의 전공을 크게 신경쓰지 않는 것도 이런 맥락에서 설명할 수 있다.

일본 기업이 현장의 지식과 경험적 지식을 중요시한다는 것은 일본 기업의 독특한 문화를 어느 정도 설명한다. 예를 들면, 일본의 대학원 진학률이 낮은 것도 이걸로 어느 정도 설명이 가능하다. 기업 측에서 보면, 대학원 학위를 받은 사람은 실무경험이 적은데 나이 많은 사람으로 보이니, 구직자 입장에서 대학원의 학위란 것이 불리한 것이다. 다른 예를 들자면, 과거 일본 회사원이 이직을 잘 안 하는 이유 중 하나로 현장 지식과 경험적 지식에 중점을 두는 것을 꼽기도 한다. 한 회사의 현장 지식과 경험적 지식이 다른 기업의 현장 지식과 경험적 지식과 달라, 이직한 후에 거의 바닥에서부터 새로 시작해야 하는 어려움이 있다. 또, 일본 내에서 지금부터 한두 세대 위의 대학 교수 중에서는 박사학위가 없는 경우가 가끔 있었다. 그런 교수의 경우, 기업에서 현장 지식과 경험적 지식을 오랜 기간 쌓아서 체화한 사람이 대학에서 인정을 받아 자리를 옮겨서 후진을 양성하는 경우라 볼 수 있다.

하지만, 일본 기업도 나날이 기업하기 어려운 환경에 처하는 것은 다른 나라의 어느 기업과 같다. 일본 기업도 나름대로 구조조정을 통해 비용·절감을 하는 상황이다. 언제까지 큰 비용과 시간을 투자해서 신입사원을 1년에 걸쳐 연수를 시킬 수는 없다. 또, 최근에는 일본의 직장인의 인식이 많이 변해서, 과거보다 이직이 활발하다. 기업의 흥망이 너무 빠르고 역동적으로 일어나니, 자신의 회사가 자기를 지켜주지 못할 거라는 인식과 자기 살 길은 스스로 찾아야 한다는 인식이 널리 퍼져있다. 그러니, 일본 기업 입장에서 큰 비용을 들여 키운 사원이 언제든지 떠날 수 있는 환경이 된 것이다.

상황이 그렇다 보니, 일본 기업도 최근에는 자신들이 사원을 키우기보다, 언제든지 일을 할 능력이 되는 사람을 엄선해서 채용하는 방법을 늘리고 있다. 또, 필자가 학부과정에 있을 때만 하더라도, 일본 기업이 일반채용과 별도로 일본의 최상위 대학의 몇 명의 학생을 채용하는 추천제도가 있었다. 대학이 어떤 학생을 기업에 추천하면, 그 채널에서는 별도의 채용시험이나 면접 없이 그 기업에 채용되는 것이다. 일종에, 기업 간에 인재를 서로에게 빼앗기기 전에 선점하는 제도라 볼 수 있다. 하지만, 최상위 대학의 특권과 같은 이런 채용방법도 사라지고 있는 판이다. 그래서, 요새 일본 대학생들은 공부를 열심히 하고, 학점/GPA에 신경을 많이 쓴다.

앞서 한국 대학생의 GPA가 높은 데에는 한국 학생이 공부를 열심히 해서라고 이야기했다. 하지만, 한국사람이라면 거기에는 제도적인 이유도 존재한다는 것을 안다. 하나는, 한국의 대학들이 상대평가 대신 절대평가를 적용하는 경우가 많다는 것이다. 시험 성적을 상대평가로 할 것인가 또는 절대

평가를 할 것인가는 답이 없는 논쟁이고, 사회 내에서 대학의 역할에 대한 해석방식과 사회적 배경에 따라 선택하면 된다고 생각은 한다. 하지만, 모두가 공부를 열심히 하는 상황에서는, 상대평가제도를 실시할 때보다, 절대평가를 실시할 때 평균 GPA도 높아진다는 것은 부인할 수 없다. 한국의 사회적 문맥에서 누가 공부를 열심히 했고, 모두가 수강과목에 대해서 충분히 이해를 하고 있는데 그 안에서 A+부터 C까지 성적이 분포한다는 것은 누구든 받아들이기 어려울 것이다.

다른 이유 중 하나는, 대다수의 한국 대학에서는 한 번 수강신청하여 성적처리가 완료된 과목을 다시 수강할 수 있다. 그렇게 함으로써, 만족스럽지 않은 학점을 받은 과목에서 더 좋은 학점을 받을 수 있다. 어쨌든 시험을 새로 쳐서 성적은 받은 것이니 그 GPA는 거짓은 아니다. 하지만, 개인적으로 이 제도는 공정성에 문제가 있고, 한국의 대학제도에 대한 신뢰를 떨어뜨리는 한 원인이 될 수 있다고 생각한다.

일본의 대학에서 위에서 언급한 두 개의 채점방식은 불가능하다. 공식적인 자료가 있는 건 아니지만, 필자의 주변을 살펴보면 일본 대학은 상대평가가 일반적인 듯하다. 경우에 따라 절대평가를 하는 경우가 있기는 하다. 예를 들어, 수강생 수가 상대평가를 못 할 정도로 적은 과목, 우열을 가리는 게 목적이 아닌 과목 등의 경우에 한해서 절대평가를 하곤 한다. 하지만, 대개는 상대평가를 적용하고 있고, 실제로 상대평가제도는 잘 지켜지고 있다.

또, 일본 대학에서는 이미 성적처리가 된 과목의 재수강이 불가능하다. 일본에서 재수강은 시험 떨어져서 학점을 못 받은 과목의 재수강만 가능하다. 더욱이, 재수강하여 시험칠 경우 시험 성적의 패널티 비율(예를 들자면, 0.8)을 곱한 점수가 등록된다.

위에 적은 이유로, 현재에 일본 대학에서 공부를 덜 해도 괜찮을 거라 생각하면 안 된다. 또, 한국 대학제도에서 가능했던 것이 일본 대학제도에서 할 수 있다고 기대하면 큰 오산이다. 일본 대학을 다니면서 학점 관리를 잘 할려면, 왕도가 없다. 그냥 제때 공부를 열심히 하는 수밖에 없다. 특히, 나중에 미국이나 또 다른 나라의 유학을 생각하고 있다면, GPA는 미리 신경을 써야할 것이다.

2. 스펙 쌓기

한국에서는 대학 입학과 동시에 대학 동기들과 새로운 경쟁에 돌입하여 취업을 위한 스펙 쌓기를 시작한다고 한다. 과거에는 취업 스펙이 학벌, 학점, 영어의 3종 세트였는데, 이제는 자격증, 인턴 경력 외의 다른 항목이 추가되어 7종 또는 그 이상의 세트로까지 증가하고 있다고 한다. 실제로 그런 스펙이 기업의 채용에 얼마나 유효한지는 모를 일이나, 그만큼 남들과 차별하는 방법에 대한 고민이 많다는 것을 방증하는 것이다.

반면에, 일본 학생들은 어떨까? 일본에서도 취업활동을 하기 위해 학벌, 학점, 영어의 스펙은 중요하다. 특히, "학력필터(学歷フィルター)"라고 해서, 지원자의 대학 이름으로 입사지원자를 걸러내는 것이다. 이것은 명문화된 채용프로세스는 아니다. 다만, 채용담당자의 업무부담을 줄이고, 채용프로세스를 간소화하고, "유능한 인재 = 상위 수준의 대학"이라는 전제하의 인재유치 전략 등의 이유 때문에 행해온 관행이다. 다만, 실재 채용하는 기업과 구직/채용 서비스를 제공하는 플랫폼 기업은 대외적으로는 "학력필터는 존재하지 않는다"는 입장을 고수하고 있다. 사회적으로는 모두들 진짜로

몰랐는지, 아니면 알면서 모르는 척했는지는 알 수 없으나, 학력필터가 사회적 논의를 불러일으킨 적은 없다.

하지만, 최근 들어 이 필터링에 대한 문제점이 표면화되기 시작했다. 같은 기업에 지원했지만 재학하는 학교가 다른 지원자들에게 다른 웹페이지가 표시된다거나, 같은 시간 혹은 동시에 기업설명회에 지원했는데 어느 대학의 학생들은 기업설명회에 초대를 받았고 어느 대학의 학생들은 초대를 받지 못하는 사례들이 인증샷과 함께 SNS에 알려졌다. 또, 더 이상 기업에서도 묵과할 수 없었는지, 기업 내 채용 담당자들이 익명으로 학력필터의 현실를 인정하고, 또 기업 나름대로의 사정을 설명하기도 한다. 결국 일본에서 사회적인 논의를 다시 시작한 상태이다. 하지만, 학벌에 대해서는 대학 재학기간 중에 어떻게 할 수 없는 스펙이다.

한편 학점과 영어의 스펙은 재학기간 중에 노력해서 개선할 수 있는 스펙이다. 학점에 대해서는 앞 장에서 충분히 설명했다. 영어에 대해서 이야기를 하자면, 일본에서도 영어는 하나의 스펙이다. 일본에서는 영어 능력을 평가하는 시험으로 TOEIC과 일본영어검정협회(日本英語検定協会)가 주관하는 실용영어기능검정(実用英語技能検定), 줄여서 "에이켄(英検)"이 있다.[25]

2020년 기준 TOEIC의 경우, 일본인 응시자의 평균점수는 531점이다 (표 4.1). 한국인 응시자의 평균점수가 683점이니, 약 150점 정도 낮다. 시험 점수가 낮은 것은 몇 가지 이유가 있을 수 있다. 한 이유는 한국 대학생은 방학기간이나 휴학기간을 이용해서 어학연수를 떠나는 경우가 많으나, 일본 대학생 중에서 그런 일은 한국에 비하면 많이 적기 때문이다. 또 다른 이유

---

[25] 일본 대학 중에는 영어능력시험에서 점수에 따라 학점을 주는 곳이 있다. 일본 대학을 진학할 생각이 있는 독자라면, 이 점을 참고했으면 한다.

는 일본에서 TOEIC 교재는 시중에 쉽게 구할 수 있지만, TOEIC 학원이 한 국만큼 활성화되어 있지 않기 때문이다.

표 4.1 국가별 TOEIC 평균점수(2020년)

국가명	TOEIC 평균점수	국가명	TOEIC 평균점수	국가명	TOEIC 평균점수
Albania	523	Germany	826	Nicaragua	723
Algeria	684	Greece	628	Peru	719
Brazil	660	Hong Kong	589	Philippines	773
Cameroon	638	India	674	Poland	606
Chile	745	Indonesia	391	Senegal	563
China	533	Japan	531	Spain	738
Colombia	662	Korea	683	Taiwan	564
Costa Rica	749	Malaysia	634	Thailand	485
Ivory Coast	621	Mexico	628	Tunisia	750
El Salvador	616	Mongolia	517	Vietnam	491
France	740	Morocco	744		

출처: https://www.ets.org/s/toeic/pdf/2020-report-on-test-takers-worldwide.pdf

하지만, 저런 통계만으로는 일본인의 영어실력을 속단할 수 없다. 필자의 경험상, 영어가 필요한 업무에 지원하는 학생들의 영어능력은 한국의 학생들 못지않게 준비되어 있고 뛰어나다는 인상이 있다. 또, 어릴 적에 부모님의 직장 때문에 영어권에 살았거나 해외에서 국제학교를 다닌 사람이 많고, 또 중/고등학교 시절 영어권의 학교와 교환학생 프로그램을 다녀온 학생도 많다. 그래서, 생각보다 제대로 영어를 구사하는 일본인들은 많다는 것을 알았으면 한다.

한국에서는 그 외의 대표적인 스펙으로 자격증이 있다. 일본에도 수없이 많은 자격증이 있다. 필자가 오랜 일본 생활을 통해 받은 인상으로는, 가고자 하는 커리어 방향에 필요한 자격증이 아닌 이상 자격증을 열심히 따는 것은 적은 듯하다. 바꿔서 말하면, 단순히 남과 차별화를 위한 자격증을 따는 일은 없다는 것이다.

그런 상황에서도 일본 대학생이 흔히 따는 자격증은 2개 정도 있다. 하나는 대학을 다니면서 특정과목 몇 개를 이수하면 받을 수 있는 자격증인데, 그런 것을 챙기는 학생이 종종 있다. 이런 자격증은 전공마다 달라서, 특정자격증 하나를 집어내기 어렵다.

또 다른 하나는, 대학에 다니면서 종종 접하는 교원면허이다. 일본에서 소학교, 중학교, 또는 고등학교에서 교사가 되려면 교원면허가 있어야 한다 (표 4.2). 단기대학을 졸업하면 2종면허, 4년제 대학을 졸업하면 1종면허, 그리고 대학원(석사과정)을 나오면 "전수면허(專修免許狀)"를 받을 수 있다. 2종면허, 1종면허, 그리고 전수면허의 3종류가 있는데, 면허 간에 차이는 없고, 할 수 있는 일은 동일하다. 다만, 중학교와 고등학교의 교원면허는 교과별로 다르다. 대학과 학부에 따라, 교원면허를 받을 수 있는 교과목이 다르다.

교원면허를 받기 위해서는, 자기전공 관련의 과목 외에도 교직과정의 과목을 이수해야 한다. 또, 교육대학의 경우는 3년차부터 교육실습을 하는데, 일반 대학에서 4학년 때 교육실습과정을 할 수 있다. 그래서, 4학년 취업활동과 졸업논문을 쓰는 시기와 겹쳐서, 큰 부담이 될 수 있다.

하나 주의해야 할 점은, 교원면허를 받더라도 자동으로 교사가 되는 게

아니라는 것이다. 학교 교사로 일하기 위해서는 교원면허를 취득 후 교사임
용시험에 합격해서 채용되어야 한다. 공립학교의 경우, 각 지역별로 실시하
는 교원채용시험에 합격하여 채용되어야 하고, 사립학교의 경우, 각 학교법
인이 실시하는 채용시험에 합격해서 채용되어야 한다.

표 4.2 학교마다 필요한 교원면허의 종류

학교	필요한 교원면허 종류	학교	필요한 교원면허 종류
유치원	유치원교원1종면허증 유치원교원2종면허증 유치원교원전수면허증	고등학교	고등학교교원1종면허증(교과) 고등학교교원전수면허증(교과)
소학교	소학교교원1종면허증 소학교교원2종면허증 소학교교원전수면허증	특별지원 학교	특별지원학교교원1종면허증 특별지원학교교원2종면허증 특별지원학교교원전수면허증
중학교	중학교교원1종면허증(교과) 중학교교원2종면허증(교과) 중학교교원전수면허증(교과)	양호	양호교원1종면허증 양호교원2종면허증 양호교원전수면허증

출처: 필자 작성

이처럼 한국 대학생이 준비하는 스펙과 일본 대학생이 준비하는 스펙은
비슷한 듯 조금 다르다. 만약에 한국에 사는 독자 중에 나중에 일본의 기업
에 취업할 뜻이 있다면, 그 차이를 잘 이해하고 준비했으면 한다. 반면에, 일
본에 사는 독자 중에 나중에 한국에 돌아갈 가능성을 조금이라도 열어두고
싶다면, 역시 준비가 필요할 것이다.

3. 일본어 수준

일본어 구사에 대해서도 언급하고자 한다. 국제경영의 연구에서, 한일 기업의 국제경영방식의 차이점을 잘 지적한다. 국제경영을 할 때, 한국 기업은 현지의 일하는 방식과 문화를 어느 정도 수용한다고 한다. 한국에서 해오던 관행을 그대로 현지에 옮겨 심기보다는, 현지의 상황에 맞춰가며 유연하게 대처한다. 그래서, 한국 본사에서 해외 자회사로 간 주재원은 영어는 해야 하는 것이고, 추가적으로 현지의 언어를 알고 지역전문가로서의 역량을 키워야 한다는 것이다.

반대로, 일본 기업은 일본 국내의 일하던 방식과 문화를 패키지로 현지에 갖다 놓는 경우가 많다고 한다. 자신들이 이때까지 해온 관행을 유지하며, 현지의 종업원과 파트너 기업이 자신들의 방식에 맞추기를 기대한다는 것이다. 그래서, 일본의 본사에서 해외 자회사에 파견된 주재원은 영어나 현지의 언어 구사능력은 그 개인의 역량에 맡기고, 현지에서 채용된 직원이 일본어를 해야만 한다. 필자는 현재까지 유럽 국가와 동아시아 국가의 출장을 다니면서 많은 일본인 주재원을 만났다. 하지만, 현지어를 구사하는 일본인이 없는 것은 아니지만, 소수였다.

필자가 한국에서 만난 일본인 주재원 중에는, 한국에서 2년 넘게 일했지만 식당에서 한국어로 음식을 주문 못 하는 일본인도 있었다. 많이 믿겨지지 않는 상황이었다. 그런데, 이런 상황이 일본에서 유학하는 한국 학생 중에서도 발생한다고 한다. 어떤 이유가 있어서 그런지는 잘 모르겠으나, 최근에 그런 케이스가 많이 눈에 뛴다고 한다.

일본 대학이나 대학원에서 유학생활을 할 생각이 있다면, 전공에 관계없이 일본어는 가능한 한 많이 알아두는 것이 좋다. 일본 대학에서는 예전보다 영어로 강의가 가능한 교수의 숫자는 늘고 있고, 영어로 진행되는 강의의 숫자도 늘고는 있다. 하지만, 여전히 충분하다고는 볼 수 없으며, 학교 내의 거의 모든 강의가 일본어를 사용한다. 그러니, 일본 대학이나 대학원에 진학하는 이상, 일본어는 필수다.

학교 밖을 보면, 과거보다는 확실히 외국어를 잘 구사하는 일본인들이 많이 늘었고, 관공청에는 한국어를 포함한 외국어로 된 서류가 준비되어 있다. 하지만 아직 일본어를 모르면 일본에서 공부 하거나 일을 하면서 또는 생활하면서 불편한 것이 정말 많다. 무엇보다도 일본에서 유학을 몇 년이나 했는데, 일을 할 때 일본인들과 하는 대화가 일본어가 서툴다거나 만화책에서 나오는 수준의 일본어밖에 안 나온다면, 그것은 부끄러운 것이라 할 수 있을 것이다.

일본어는 한국인이 가장 배우기 쉬운 외국언어 중 하나이다. 한국과 일본은 한자권에 속한 나라여서, 한자로 쓰면 동일한 단어가 같은 뜻으로 사용되는 경우가 많다. 또, 일본어를 조금 공부하다 보면, 한국에서 쓰이는 단어가 일본에서 어떻게 어떻게 발음되는지 패턴이 보이기도 한다. 모르는 단어가 나와도 당황하지 않아도 된다. 한자를 통해 의미를 어느 정도 추정할 수 있어서, 모르는 단어가 나와도 당황하지 않고 충분히 대화를 이어나갈 수 있다.

그렇다고, 일본어 공부를 게을리할 수 없는 게 같은 단어가 다른 뉘앙스를 지닌 경우가 있다는 것이다. 한국어서 팔방미인이라하면, 여러 방면에 능통한 사람을 뜻하고, 긍정적인 뉘앙스를 가진다. 하지만, 일본어에서 팔방미인은 누구에게서도 미움을 사지 않도록, 누구에게든 잘 보이려 하고, 아무

장단이나 맞추는 사람을 뜻하는 단어로, 부정적이고, 비난하는 뉘앙스가 담겨있다. 그래서 한국에서 쓰는 단어, 사자성어, 속담 등을 일본에서 듣거나 사용할 때 뉘앙스 확인이 필요하다.

4. 일본 문화에 대한 이해

우리가 유럽을 바라보면 유럽의 각 나라는 비슷함과 공통점이 많아 보인다. 하지만, 막상 유럽에 가면 각 나라의 사람은 서로의 차이를 강조한다. 이러한 것은 한국과 일본에도 같다. 서양의 관점에서 봤을 때, 한국과 일본은 비슷한 문화를 가진 듯 보이고 실제 공통점이 많아 보일 것이다. 하지만, 동양에 사는 우리는 한국과 일본의 차이를 인지하고 있다.

평상시에 일본에 사는 한국인이 자기 자신이 한국인임을 의식할 기회는 잘 없을 것이다(그만큼 실제로 한일 간에는 공통점이 많다는 것일 수도 있겠다). 하지만, 가끔 접하는 그 문화의 차이가 자신이 한국인임을 의식하게 만들고, 그런 것들이 우리를 힘들게 하곤 한다. 그런 것들을 나름대로의 노하우로 잘 대응하고 극복하는 사람이 있는가 하면, 반대로 잘 대응 못 해 괴로워하고, 심하면 우울증까지 걸리는 경우를 본 적이 있다. 쉽게 해결될 문제를 괜히 어렵게 만들기도 한다. 여기서는 몇 가지 적는데, 나중에 일본에서 생활할 가능성을 열어둔 독자라면 참고하면 좋겠다. 필자의 경험에 바탕을 둔 것으로 주관적일 수 있다는 것과 "좋고 나쁨"이 아닌 "다름"을 말하기 위한 것임을 미리 밝힌다.

일본 문화를 한마디로 축약하자면, 타인에 대한 배려와 조화를 최대의 미덕으로 하는 문화이다. 타인에 대한 배려와 조화가 반드시 타인과 형 동생하듯이 친하라는 게 아니다. 타인과 싸움만 안 하는, 최소한의 인간관계를 유지하는 것이 일본에서의 조화이고 평화다. 역사적인 배경은 어찌 되었건, 섬나라라는 정해진 태두리 안에서 모두가 살아야 하다 보니 그런 문화가 발생하지 않았나 짐작한다. 필자가 보기에는 그 문화가 바탕이 되어 몇 가지의 행동패턴으로 나타나는 것 같다.

(1) 철저하게 원칙을 지킨다. 타인을 배려하며 조화를 이루기 위해서는 나 자신뿐만 아니라 타인도 납득할 만한 이유가 있어야 한다. 그러려면, 서로의 원칙을 하나 세워 놓고, 그것을 철저하게 따르는 게 하나의 방법이다. 물론 모든 상황에 따라 이렇게 저렇게 유연하게 대응하면 좋겠지만, 모든 상황을 예상할 수 없을 뿐 아니라, 그렇게 하는 데 에너지가 많이 소모된다. 그래서, 어떻게 보면, 타인을 배려하며 조화를 이루는 효율적인 방법으로 원칙을 철저히 지키는 문화가 자리 잡지 않았나 생각한다.

(2) 한 번 원칙을 세울 때 정말 세심하게 검토해서 세우고, 세워진 원칙에 따라 내려진 결정이 뒤엎어지는 일이 없다. 바꿔 말하면, 나중에 뒤바뀔 만한 원칙은 세우고 싶지 않은 것이다. 정말로 과거의 결정을 뒤엎어야만 할 경우가 있다면, 명확한 이유를 제시할 수 있어야만 하고, 뒤엎는 결정을 내릴 때에는 이전보다 더 신중하게 검토한다. 그 원칙은 상황에 관계없이 철저하게 지켜져야만 한다. 한 번 내린 결정이 잊혀져서 무시하게 놔두지 않는다. 일본인이 세심하고 꼼꼼한 것으로 유명한데, 거기에는 제대로 된 원칙을 세우기 위해 정말 세심한 것까지 고려하는 게 몸에 배인가 아닌가 싶은 생각이 든다.

(3) 어떤 경우에도 예상 불가능한 행동을 꺼린다. 일본에서는 지진, 화산폭발, 폭설 등 자연재해와 같은 예상 불가능한 상황이 자주 발생한다. 한국에서는 예상 불가능한 상황이 생기면, 개개인이 예상 불가능해도 어떤 액

선이든 취해야 한다. 하지만, 일본에서 예상 불가능한 행동을 하는 것은 원칙의 부재이다. 일본인도, 원칙이 있어도 예상 불가능한 상황을 대비할 수 없는 경우가 있다는 것을 알고, 일본이 보완해야 할 점 중 하나로 융통성을 꼽는다. 그래도 할 수 있는 범위 내에서 원칙은 있어야 하고, 예상 불가능한 행동을 하는 것은 원칙이 없거나 준비 부족으로 치부한다.

(4) 거짓말을 하지 않는다. 거짓말을 하는 행위는 상대방을 업신여기는 행동이고 상대방을 배려하지 않는 발언이다. 일본인은 말을 직설적으로 표현하지 않는 걸로 유명하다. 필자가 생각하기로 그 이유 중의 하나는 직설적으로 무언가를 이야기했다가 그게 조금이라도 거짓으로 드러날 경우가 있기 때문이다. 남들과 조화를 이루기 위해서는, 자기가 뱉은 말에 대해서 책임을 지는 모습을 보여야 한다. 옛날 같으면 잘못한 것의 책임진다는 것은 할복이다. 그 정도로 거짓말에 대한 부담이 크다.

(5) 타인에게 폐를 끼치지 않는다. 한국에서는 민폐를 끼치는 것을 타인과 살아가는 데 피할 수 없는 요인으로 받아들이는 것 같다. 하지만, 일본에서는 그렇지 않다. 괜히 좋은 말 한답시고, 타인에게 조언을 주거나 문제점을 지적하지 않는다. 타인은 타인 나름대로의 원칙과 사정이 있겠거니 하고 넘어간다.

타인에게 폐를 끼치지 않기 위해, 사생활을 최대한 건드리지 않는다. 좋은 일만 계속되면 좋지만, 나쁜 일이 발생했을 경우 나의 행동이 상대방에게 어떻게 비춰질지 모르기 때문이다. 그러다 보니 오랜 직장동료라고 해도 서로 자라온 배경, 결혼여부, 자녀유무, 부모와의 관계 등을 모르고 지내는 경우가 많고, 평생 서로의 개인연락처를 모르고 지내는 경우도 허다하다.

(6) 호의를 잊지 않고 보답한다. 상대방에게 도움을 받으면, 그것을 절대 잊지 않고 갚으려 한다. 왜냐하면, 상대방에게 신세나 빚을 진 것이라고

4장_ 한국인 유학생으로서 준비

생각하기 때문이다. 실제로, 일본인 친구나 동려에게 결혼이나 출산으로 축하선물을 보내면, 그 금액의 절반 정도는 어떤 형식으로든 되돌아온다.

(7) 좀처럼 남을 믿지 않는다. 그것은 남을 의심하는 나쁜 의도가 있는 게 아니다. 자기가 타인에게 폐를 끼치지 않으려 노력하는 만큼, 타인도 자기에게 폐를 끼치지 않기 위해서 타인 자신의 감정을 숨기며 말을 아끼며 행동하고 있을 거라는 생각을 하기 때문이다. 내가 문제를 일으켜도 주변사람은 "괜찮아" 또는 "별일 아니야"라고 말을 할 건데, 그 말이 정말로 문제가 없어서 괜찮은 건지, 아니면 그 사람 나름대로 고생하고 있으나 나의 마음을 배려해서 말만 괜찮다고 하는 건지 알 수 없다. 이런 게 쌓이고 쌓이다 보면, 결국 남이 무슨 말을 해도 믿겨지지 않고, 신뢰가 쌓인 인간관계를 만들고 유지한다는 것이 정말 어렵다.

(8) 남을 좀처럼 믿지 않는 관계로 타인과 신뢰를 쌓기가 어렵다. 앞서, 일본에서 자기가 뱉은 말에 대해서 책임을 지는 모습을 보여야 한다고 했다. 책임을 못 지면, 신뢰가 깎이는데, 필자 경험상 일본에서 한 번 잃은 신뢰를 회복할 기회는 주어지지 않는 것 같다.

(9) 희노애락의 감정을 겉으로 드러내지 않는다. 평소의 인간관계는 나의 자아와 타인의 자아 간의 인간관계가 아닌 것으로 여긴다. 직장에서라면 직책과 직책 간의 관계이고, 자녀가 있는 사람들이라면 학부형 간의 인간관계는 학부형이란 입장에서의 인간관계일 뿐이다. 도움을 주고 받을 때도 있지만, 그것은 언제까지나 직책의 역할인 학부형으로 기대되는 역할을 다할 뿐이다. 평상시에 희노애락의 감정을 거의 죽이고 산다.

일본인들이 한국 드라마나 K-pop에 열광하는 것도 이해가 간다. 한일관계가 한창 나쁠 때에라도 일본 사람들이 공개적으로 말을 안 해서 그렇지,

시청률이나 다운로드 횟수 등의 자료를 조사하면, 한국 문화 컨텐츠를 보고 듣는 사람이 많았다. 그런 이유 중 하나를 사람의 감정을 숨기지 않고 인간의 연민에 대한 것을 있는 그대로 드러내는 것에 대한 부러움이 섞인 것이라고 누군가가 해설한 적이 있다. 한국은 정(情)의 나라고, 감정을 폭발시킨다고 할 정도로 감정을 드러내는 것을 부끄러워하지 않는다. 일본인 스스로 자신들의 인간관계는 개인의 인간관계가 아니고 그 역할로서의 "건조한" 인간관계라고 해석을 하는 것을 들으면서 괜히 씁쓸하면서도 일본 사회에 살아가는 그들에게 조금 동정했던 기억이 있다.

위에 일본의 기본 문화에서 드러나는 행동패턴을 몇 개 적었다. 일본에 왔을 때, 저런 것을 모르고 생활하다가 정신적으로 피폐해지기도 한다. 하지만, 저런 행동패턴을 알고 있으면, 일본사회에서 어떤 것을 기대할 수 있는지 어떤 것을 기대할 수 없는지를 알 수 있고, 타지생활에 여유가 생길 것이다.

5. 일본에서의 외로움

위에 일본인의 행동패턴에 대해서 몇 가지 적었다. 하지만, 저런 행동패턴은 평상시에 신경을 많이 소모하게 한다. 여기에서 오는 스트레스는 이만저만이 아니다. 일본인 스스로도 저런 행동패턴에서 스트레스를 느끼고 살며, 힘들어하기도 한다. 개인의 영역을 지킬 수 있고 개인의 시간을 즐길 수 있다지만, 사실 일본인은 외롭다.

일본인도 느끼는데, 한국사람은 예외일까? 정이 많은 한국사람도 일본에서 외로움으로 많이 힘들어하는 경우를 목격한다. 특히, 나이가 어릴 때

일수록 일본에서 외로움을 더 받는 인상이 있다. 한국에서 대학이나 대학원을 다니고 있을 나이면, 자연스레 동기가 있고, 선배와 후배가 생긴다. 그들과 어울리며 심심할 틈이 없을 것이다. 일본에서는 그런 관계를 노력해서 만들지 않는 이상, 자연스럽게 생기지 않는다.

6. 일본의 지역 간 차이에 대한 이해

위에서 일본인에 대한 일반적인 것을 적었는데, 저것을 모든 일본인에게 적용하기 어렵다. 그 이유 중 하나는 사실 일본은 지역적으로 문화가 많이 다르기 때문이다. 일본의 국토는 한반도 면적의 약 1.5배~2배 정도 되는데, 그 안에 47개의 행정구역(도도부현－都道府県－)이 있다. 사람들은 자기들의 출신 지역을 그 행정단위 단위로 정의하고, 내편 니편을 가르기도 한다. 그렇게 하는 배경에는 역사적인 이유도 있으나, 그 외에 자연환경의 차이가 그 바탕에 깔려 있어서라고 필자는 짐작한다.

그림 4.1에서 볼 수 있듯이, 일본은 남북으로 3,000km 정도로 뻗어 있어서, 지역별로 자연환경이 다르다. 북단은 시베리아와 같은 기후이고, 남단은 대만과 같은 기후이다. 따라서, 도도부현의 행정구역 단위로 그 환경에 적응하면서 형성된 생활구조가 다르고, 그 환경을 바탕으로 하는 경제구조와 사회구조가 다르다.

예를 들면, 홋카이도는 북단에 있는데, 주된 산업은 식품산업이다. 감자가 나고, 우유와 유제품, 그리고 소고기 육류제품 중심이다. 일본의 큐슈 지방의 남단에 있는 미야자키현 역시 주된 산업은 식품산업이다. 그런데, 여기서는 망고가 자라고, 닭고기 육류제품 중심이다. 같은 식품산업이라도, 다른

그림 4.1 일본 지도

출처: 구글맵

기술이 지역별로 발전했고 다른 공급사슬이 형성돼 있다.

그런 일본은 크게 동과 서로 크게 나눌 수 있다. 동일본은 도쿄를 중심으로 한 지역이며, 옛부터 무사의 지역이라 불린다. 반면, 서일본은 오사카/교토를 중심으로 한 지역이며, 옛부터 상인의 지역이라 불린다. 도쿄에서는 비싸게 산 것을 자랑하고 다니며, 오사카에서는 싸게 산 것을 자랑하고 다닌다. 도쿄에서 에스컬레이터를 타면 에스컬레이터의 왼편에서는 그냥 에스컬레이터가 움직이는 대로 가만히 서서 이동하고, 에스컬레이터의 오른편에서는 걸어서 서둘러서 이동한다. 오사카는 도쿄와 정반대다. 에스컬레이터 따라 그냥 서서 가는 사람은 에스컬레이터의 오른편에 서고, 에스컬레이터에서 걸어서 가는 사람은 왼편에서 걸어간다. 동일본에서의 전기 주파수는 50Hz인데, 서일본의 전기 주파수 60Hz이다. 그래서, 옛날에는 모터를 쓰는 가전제품의 사양이 동일본과 서일본이 달랐다(현재는 다른 전기주파수를 처리하는 기술이 있어서 동일본과 서일본의 가전제품 사양이 다른 일은 없다).

앞 장에 적은 일본 문화는 일본 평균적인 것을 적은 내용이다. 저런 일본의 문화가 잘 드러나는 지역을 굳이 꼽으라면 동경 중심의 동일본에서 강하다. 그와 달리 오사카를 중심으로 하는 서일본은 그래도 자기 생각을 직설적으로 말하기도 하고, 감정을 겉으로 잘 드러내고, 사람과 와자지껄 어울리기를 좋아한다. 하지만, 서일본에서도 아주 다른 것이 교토다.

서일본이라도 천년 이상 일본의 수도를 지낸 교토는 독특한 문화를 가지고 있다. 일본의 가장 유명한 관광지 중 하나인 교토. 관광객으로 교토를 들르면 별로 의식할 것은 없으나, 주민으로서 교토로 가게 되면 이 지역의 독특한 대화 코드를 알아야 한다. 아래 퀴즈를 두 개 준비했다. 이 퀴즈의 답을 생각해 보자.

(1) 교토에 사는 어떤 사람이 집에서 피아노를 친다고 하자. 어느 날, 이웃이 "피아노를 잘 치시네요"라고 하면, 그것은 칭찬일까 욕일까?

(2) 어쩌다 교토 주민의 집을 방문하게 됐다. 집주인이 "여기 앉으세요" 하며 방석을 깔았다. 앉아도 될까? 안 될까?

첫 번째 질문에 대한 답은 욕이다. "피아노 소리가 시끄러우니, 그만 치시라"는 뜻이다. 두 번째 질문에 대한 답은 절대 안 된다. "나는 할 만큼 했으니, 이제 자리를 떠나시라"는 신호다. 비슷한 예로, 교토에서 손님에게 차를 대접할 때 차를 낸다. 손님이 첫 잔을 비우면 집주인으로서는 당연히 손님의 찻잔을 채운다. 그게 일반적인 예의라 생각되는데, 교토에서 2번째 잔을 낸다는 것은 "이제 여기서 나가시라"는 신호다. 저런 질문을 하기에 앞서, 교토에 살면서 다른 교토 사람 집에 초대될 경우는 없을 것이다.

이런 지역만의 문화가 다양하게 있는 곳이 일본이다. 일본에 살게 될 경우, 알아두면 그 지역주민에게 환영받을 것이다. 또, 상대방의 행동에 담긴 의도를 알 수 있을 것이다.

7. 일본에서의 한국인

일본에서 한국인은 그냥 외국인이 아니라는 것을 알았으면 한다. 한국에게 있어서 일본이 특별하듯, 일본에 있어서 한국인도 특별하다. 우리는 서로에게 있어서 그냥 외국인이 아니다. 한국과 일본은 서로 가깝고도 먼나라라고 표현하기도 하고, 서로 교류는 많았으나 그 교류가 건설적인 게 많은 시절과 소모적인 게 많은 시절을 번갈아가며 경험하고 있다. 한편, 서로의 나라가 아닌 제3국에서 교환학생이든 업무로 만나면 가깝게 지내다가도, 마음 깊은 곳에서 우러나오는 라이벌 관계를 의식하기도 한다. 가끔 한국과 일본에서 서로에 대한 불만과 갈등이 쏟아져 나오기도 하는데, 그 밑바탕에 서로 잘 지내고 싶은 기대가 높아서 나오는 것이라고 필자는 개인적인 해석을 한다.

어쨌든 일본을 어려워하는 독자가 있다는 것을 충분히 이해한다. 독자 중에는 일본에서 여행이나 생활하다가 불편함을 겪은 경우나 남 모르게 가슴에 상처를 입은 경우도 있을지도 모르겠다. 안 그래도 경험이 부족할 텐데 한국인 유학생 중에 그런 상처를 입어서 잘 일어서지 못한다든지 일본에서 유학하는 내내 다른 한국인 유학생하고만 지내는 경우를 종종 봤다. 몸만 일본에 있었지, 일본의 생활과 문화를 제대로 경험하지 않고, 자기들만의 울타리에서만 지내는 것이다.

그러니, 일본에 유학이나 직장 때문에 올 경우라면, 마음을 단단히 먹고 오라고 충고도 하고 싶다. 일반적으로 타지 생활이 절대 쉬운 것이 아니다. 일본이 아닌 다른 나라에서 타지생활할 것이면 그냥 이방인으로서 문화적 소외감과 무소속감을 느낄 것이다. 일본에서는 경우에 따라, 문화적 소외감과 무소속감 외에 다른 나라에서 경험하지도 않을 불편한 상황을 일본에서는 접하게 되기도 한다. 그런 상황을 자신의 내부에서 잘 처리하고 넘길 지성과 감성을 충분히 가졌으면 좋겠다.

또, 일본에 오는 것과 일본인과 교류하는 것에 대해서 큰 부담을 느끼지 않았으면 한다. 예로, 한일전을 뛰는 선수들을 보자. 스포츠에서 한일전은 아주 특별하다는 것을 잘 안다. 한국 선수들이 120%를 내며 뛰도록 하는 나라는 그 스포츠 종목의 1위 국가가 아니고, 일본인 경우가 많다. 축구를 봐도 한국이 다른 나라와 치루는 축구보다 한일전의 축구 열기가 더 뜨겁다. 일본 선수들에게 있어서 한국 선수들도 그런 존재다. 한편, 그렇게 치열한 한일전을 치른 선수들이 경기 밖에서 우정을 쌓고 있는 모습을 우리는 종종 본다. 축구에서는 박지성 선수가 미우라 카즈요시 선수와 교류가 있으며, 고 유상철 선수가 사망했다는 소식에 일본 축구 팬들은 추모의 메시지를 경기 장에서 보냈다. 그런 모습을 보고 있노라면, 왠지 모를 친근감과 흐뭇함을 느끼기도 한다. 일본을 어려워하는 독자도 충분히 그 어려움을 극복할 가능 성이 있다는 것을 알았으면 하는 희망이다.

8. 대학 및 대학원 진학을 위해 교수한테 연락 취하기

마지막으로 필자의 조언이기도 하나, 부분적으로 부탁이 담긴 내용을 쓰려 한다.

과거 필자의 경험담이다. 여느 때와 같이 연구실에서 연구를 하고, 강의 준비를 하는 일상을 보내고 있었다. 그런데, 필자의 연구실 전화가 울려서 전화를 받았다. 한국의 어느 어르신의 전화였다. 당신 소개를 하시더니, 당 신의 자녀가 대학생인데 공부에 자질이 있어 보인단다. 그래서, 자신의 자녀 를 필자가 있는 대학원으로 보내고 싶고, 또 가능하다면 필자를 지도교수로 하고 싶은데, 어떻게 하면 좋을지 상담하고 싶다는 게 요지였다. 이런 경험 은 몇 번 있었는데, 하필이면 모두 다 한국에서 온 전화였다.

저런 전화는 많이 당황스럽다. 이유는 많으나 몇 개 꼽자면, 먼저 당사자 인 학생 본인의 의사가 빠져있다. 대학원 진학을 고민할 나이이면 최소한 20대 초/중반 이상의 성인일 것이다. 그러면, 부모님이 나설 것이 아니라,

본인이 직접 연락을 하고 면접해야 할 일이다. 자녀를 아끼는 부모님의 마음은 이해하겠으나, 부모님의 그런 자녀 사랑은 자녀의 생각할 기회, 모처럼 스스로 벽에 부딪혀볼 기회 등 성장할 기회를 박탈하는 것이다.

둘째로, 그렇게 개인적으로 연락이 와도, 입학에 관한 문제는 1명의 교수가 어떻게 해결할 수 있는 일이 아니다. 입학 기준은 명확하게 공지되어 있어서, 찾아볼 수 있다. 그리고, 합격여부는 우열로 결정되는 경쟁의 결과다. 합격여부는 지원자 당사자에 걸린 것이다. 필자에게 저런 연락을 준 분 중에는, 한국에 특임교수나 초빙교수가 아닌 정교수로 계신 분과, 심지어 일본에서 대학원을 다니신 분도 있었다. 본인들도 대학원 입학은 교수 1명이 어떻게 할 수 있는 문제임을 아실 텐데, 자녀 문제가 되면 잠시 이성을 잃으시는 것일까? 아무튼, 그분들께 실망했고, 필자의 마음은 복잡했던 기억이 난다.

셋째로, 사실 저렇게 연락이 오면 불편함도 생긴다. 입학할 때 학생 본인 대신 부모님이 나설 정도면, 재학 기간 중 그 학생이 학점을 못 받거나, 그 학생의 졸업이 미루어질 경우에도 부모님이 나서실 것 아닌가 하는 불편한 마음마저 든다. 당사자가 아닌 이상, (아무리 부모라 해도) 제3자가 나서도 문제는 해결되지 않을 뿐 아니라, 불필요한 데 시간과 에너지를 소비하게 된다. 무엇보다도, 지원자 본인에게 자주성과 계획성이 없는 걸로 비춰져, 지원자 당사자가 손해를 본다.

최근에는 지원자가 아닌 제3자의 연락이 오는 일은 없다. 필자가 어느 날 학교 홈페이지에서 필자의 연락처를 지워서인지, 아니면 필자의 인성(?)에 관한 소문이 알게 모르게 퍼진 건지, 이유는 모르겠다.

혹시 독자 중에 일본의 특정 교수에게 진학에 대해서 상담을 하고 싶은 경우가 있을지도 모르겠다. 그럴 때에는 어떻게 해야 할까? 먼저 지원자 본인이 직접 연락해야 할 것이다. 일본어가 안 되면 영어라도 괜찮다. 필자 외에도, 일본인 교수에게 연락을 취해도 세부연구분야, 연구상담, 학생지도법 등의 질문이라면 흔쾌히 응답할 것이다. 좋은 학생과 같이 일 안 해보고 싶은 교수가 어디 있겠는가. 하지만, 입학절차 및 합격방법에 대한 상담은 학교의 창구가 있으니 거기에 연락할 일이고, 교수개인은 응답이 불가능하다는 것을 알았으면 한다.

5장

마지막으로

드디어 이 책의 마지막 장이다. 이 책에서는 일본의 대학 및 대학원에 대한 정보를 필자가 아는 공식통계와 필자의 개인적인 지견을 바탕으로 소개했다. 여기에 적은 내용이 일본의 대학/대학원에 진학을 고민하거나, 실제로 진학할 예정인 독자의 대학 생활 계획을 세우는 데 도움이 됐으면 한다. 또, 일본 대학이나 대학원이 아닌 어느 대학/대학원이든 진학을 고민하는 독자에게도 대학 생활에 대한 생각을 정리하고 결정을 하는 하나의 소재로 참고되었으면 하는 바람이다.

책을 마무리하기 전에, 대학은 교육 플랫폼 중 하나고, 대학 외의 교육 플랫폼도 적극 활용하라는 것을 지적하고 싶다. 이 발언은 대학에 몸을 두고 있는 입장에서 모순되는 발언으로 들릴 수 있겠다. 현재 대학은 변해가는 시대 속에서 어떻게든 자기의 존재와 역할을 사회에서 유지하려고 몸부림을 치고 있다. 하지만, 그렇게 몸부림쳐도 시대의 흐름을 바꿀 수는 없다. 현실적으로 우리가 살고 있는 이 시대에는, 대학에서 배울 수 있는 지식을 공부할 수 있는 매체가 아주 많다. 굳이 학교를 다니지 않아도 혼자서 교과서를 읽어서 공부할 수 있고, 현재는 YouTube 등의 SNS에 교양강의부터 최첨단 지식의 강의까지 다양하게 있다. 이렇게 하면, 전 세계에서 개개인의 학습법에 맞는 강의를 하는 교수의 수업을 들을 수 있으며, 또 개개인의 학습속도에 맞게 공부를 할 수 있다. 그래서, 자신이 속한 학교 하나만에 모든 것을 얽매이지 말고, 주변에 있는 플랫폼과 옵션들을 충분히 활용하면서 대학이 제공하는 기회와 서비스의 효용을 최대한 활용해서, 독자의 학습효율을 극대화했으면 하는 바람이다.

다행히도, 원칙을 중요시하는 일본에도 그런 상황을 잘 알고 있으며, 유연하게 대응해 주는 교수가 있다. 부끄럽지만, 이 발언은 필자의 경험에 근

거한다. 필자가 대학원에 있을 시절, 필자가 들어야 했던 대학원 강의 중 일부 과목은 YouTube상에 무료 강의가 있었고, 또 필자가 2주 정도면 혼자서 교과서를 읽으며 공부할 수 있어 보였다. 한편, 학교 내에서 그 과목의 학점 이수는 6개월이 걸리는데, 그 시간이 마음에 걸렸다. 대학원이란 한정된 기간에 6개월이 어마어마하게 길게 느껴진 것이다. 그래서, 그 과목을 담당하던 교수와 상담했다. 개인적인 사정이 있어서 그 과목을 빨리 마치고 싶으니, 혼자서 교과서를 2주 정도 읽으며 공부를 마칠 예정이라고 말했다. 그리고, 그런 이유로 비록 수업에는 안 나올 것이지만 6개월 뒤에 그 과목의 시험을 칠 기회를 달라고 말을 꺼내봤다. 그 교수는 필자의 입장을 이해해줬고, 필자는 그렇게 학점을 받은 적이 있다.

저런 일도 벌써 10여 년 전의 일이다. 지금은 그보다 더 다양한 방법이 있으리라 짐작하고, 학습의 효율을 더 끌어올릴 수 있으리라 생각한다. 앞길을 준비하는 독자들 모두 원하는 바 잘 되기를 기원한다.

감사의 말

책을 처음으로 쓰는 필자에게 지도를 주며 출판을 허락해준 박영사의 나카지마 케이타 님께 감사드린다. 그 외에 필자의 서툴고 딱딱한 언어와 도표 표현을 매끄럽고 알아보기 쉽게 편집해준 김민조 님에게도 많은 도움을 받았다.

필자의 일본 유학생활을 알차게 해준 모든 분들께 감사의 말을 전한다. 특히, 만 19살이란 어린 나이에 일본으로 와서 함께 유학생활을 한 한일공동이공계학부유학생의 동기와 선후배는 이 책을 쓰면서 많이 떠오른 사람들이다. 직접 만나는 기회는 거의 없어졌지만, 각자의 활약상을 우연히 들을 때마다 기쁨과 자극을 주는 친구들이다.

또, 일본에서 함께하는 한국인 연구자 선후배에게도 감사의 말을 전하고 싶다. 필자는 다른 분들께 조언을 구하는 성격이 아니지만, 그분들의 홈페이지와 활발한 연구교육활동을 보며 위로와 힘을 얻고 있다고 전하고 싶다.

마지막으로 필자의 아내에게도 감사를 전한다.

참고문헌

ETS (2021) 2020 report on test takers worldwide - TOEIC listening & reading test. Accessed on April 1st, 2022. Available at: https://www.ets.org/s/toeic/pdf/2020 — report — on — test — takers — worl dwide.pdf

Freeman, C. (1987) Technology, Policy, and Economic Performance: Lessons from Japan. London: Pinter.

Froese, F.J. (2010) Acculturation experiences in Korea and Japan, Culture & Psychology 16(3), 333 — 348.

Froese, F.J., Sekiguchi, T., & Maharjan, M.P. (2015) Chapter 15 Human Resource Management in Japan and South Korea, In: Cooke, F.L., & Kim, S. (Eds.), Routledge Handbook of Human Resource Management in Asia. London: Taylor & Francis, pp. 275 -294.

Horta, H., Sato, M., & Yonezawa, A. (2011) Academic inbreeding: Exploring its characteristics and rationale in Japanese universities using a qualitative perspective, Asia Pacific Education Review 12(1), 35 — 44.

Huang, F. (2018) Foreign faculty at Japanese universities: Profiles and motivations, Higher Education Quarterly 72(3), 237 — 249.

Huang, F. (2009) The internationalization of the academic profession in Japan: A quantitative perspective, Journal of Studies in International Education 13(2), 143 — 158.

Kang, B. (2021) Impact of academic patenting on scientific publication quality at the project level, Asian Journal of Technology Innovation 29(2), 258-282.

Kang, B., & Motohashi, K. (2020) Academic contribution to industrial innovation by funding type, Scientometrics 124(1), 169-193.

Kitagawa, F. (2009) Universities—industry links and regional development in Japan: Connecting excellence and relevance?, Science, Technology and Society 14(1), 1-33.

Kitagawa, F., & Oba, J. (2009) Managing differentiation of higher education system in Japan: Connecting excellence and diversity, Higher Education 59(4), 507-524.

Kneller, R. (2010) The changing governance of Japanese public science. In Whiteley, R., Gläser, J. & Engvall, L. (Eds.), Reconfiguring Knowledge Production: Changing Authority Relations in The Sciences and Their Consequences for Intellectual Innovation (pp. 110-145). New York: Oxford University Press.

Kneller, R. (2007) Prospective and retrospective evaluation systems in context: Insights from Japan. In Whitley, R., & Gaeser, J. (Eds.), The Changing Governance of the Sciences (pp. 51-73). Amsterdam: Springer.

Lassegard, J.P. (2013) Student perspectives on international education: An examination into the decline of Japanese studying abroad, Asia Pacific Journal of Education 33(4), 365—379.

Motohashi, K. (2005) University—industry collaborations in Japan: The role of new technology—based firms in transforming the national innovation system, Research Policy 34(5), 583—594.

Newby, H., Weko, T., Breneman, D., Johanneson, T., & Maassen, P. (2009) OECD reviews of tertiary education: Japan. Paris: OECD.

Nonaka, I., & Takeuchi, H. (1995) The Knowledge Creating Company: How Japanese Companies Create the Dynamics of Innovation. New York: Oxford University Press.

Oba, J. (2009) Managing academic and professional careers in Japan, In Whitchurch, C., & Gordon, G. (Eds.) Academic and Professional Identities in Higher Education: The Challenges of a Diversifying Workforce (pp. 99−112). New York: Routledge.

Oba, J. (2008) Creating world−class universities in Japan: Policy and initiatives, Policy Futures in Education 6(5), 629−640.

Oba, J. (2007) Incorporation of national universities in Japan, Asia Pacific Journal of Education 27(3), 291-303.

Oba, J. (2005) The incorporation of national universities in Japan: Initial reactions of the new national university corporations, Higher Education Management and policy 17(2), 105-125.

Shibayama, S. (2011) Distribution of academic research funds: A case of Japanese national research grant, Scientometrics 88(1), 43-60.

Shimbori, M. (1981) The Japanese academic profession, Higher Education 10(1), 75-87.

Yonezawa, A. (2007) Japanese flagship universities at a crossroads, Higher Education 54(4), 483−499.

Yonezawa, A., & Shimmi, Y. (2017) Japan's challenge in fostering global human resources: Policy debates and practice, In Tsuneyoshi, R. (Eds.) Globalization and Japanese "Exceptionalism" in Education (pp. 43-60). London: Routledge.

朝日新聞出版 (2021) 大学ランキング 2022. 東京: 朝日新聞出版.

天野郁夫 (2008) 国立大学・法人化の行方—自立と格差のはざまで. 東京: 東信堂.

天野郁夫 (2017) 帝国大学—近代日本のエリート育成装置. 東京: 中央公論新社.

有本章 (2020) 大学教授職の国際比較—世界・アジア・日本. 東京: 東信堂.

石川真由美 (2016) 世界大学ランキングと知の序列化: 大学評価と国際競争を問う. 京都: 京都大学学術出版会.

潮木守一 (2009) 職業としての大学教授. 東京: 中央公論新社.

榎木英介 (2010) 博士漂流時代 「余った博士」 はどうなるか? 東京: ディスカヴァー・トゥエンティワン.

梶谷康介 (2020) 大学生活、大丈夫?—家族が読む、大学生のメンタルヘルス講座. 福岡: 九州大学出版会.

河合塾 (2018) グローバル社会における日本の大学教育—全国大学調査からみえてきた現状と課題—. 東京: 東信堂.

苅谷剛彦 (2012) グローバル化時代の大学論①—アメリカの大学・ニッポンの大学—ＴＡ、シラバス、授業評価. 東京: 中央公論新社.

苅谷剛彦 (2012) グローバル化時代の大学論②—イギリスの大学・ニッポンの大学—カレッジ、チュートリアル、エリート教育. 東京: 中央公論新社.

草原克豪 (2008) 日本の大学制度—歴史と展望—. 東京: 弘文堂.

工藤潤 (2007) 講座制の歴史的変遷とその功罪, 大学教育学会誌 29(1), 119-123.

国立教育政策研究所, 日本物理学会キャリア支援センター (2009) ポストドクター問題—科学技術人材のキャリア形成と展望. 京都: 世界思想社.

佐藤郁哉 (2019) 大学改革の迷走. 東京: 筑摩書房.

佐藤由利子 (2016) ベトナム人、ネパール人留学生の特徴と増加の背景－リクルートと受入れにあたっての留意点－, ウェブマガジン留学交流 63, 12－23.

鈴木淳 (2010) 科学技術政策. 東京: 山川出版社.

徐龍達 (2005) 日本の大学国際化のための外国人教員の任用, 広島大学高等教育研究開発センター大学論集 35, 293－310.

橘木俊詔 (2016) 東大vs京大－その'実力'を比較する. 東京: 祥伝社新書

橘木俊詔 (2021) 日本大学の研究: 歴史から経営・教育理念、そして卒業生まで. 東京: 青土社.

増田直紀 (2019) 海外で研究者になる－就活と仕事事情. 東京: 中央公論新社.

益川敏英 (2013) ゆとり京大生の大学論－教員のホンネ、学生のギモン. 京都: ナカニシヤ出版.

文部科学省科学技術・学術政策研究所 (2021) 科学技術指標 2021, NISTEP Research Material No.311. DOI: https://doi.org/10.15108/rm311

山野井敦徳 (2007) 日本の大学教授市場. 東京: 玉川大学出版部.

養老孟司 (2017) 京都の壁. 東京: PHP研究所.

吉岡(小林)徹, 丸山裕貴, 平井祐理, 渡部俊也 (2020)「本郷バレー」はなぜ生まれたか: 大学発ベンチャー集積の理由, 一橋ビジネスレビュー67(4), 46－61.

読売新聞教育ネットワーク事務局 (2016) 大学の実力 2017. 東京: 中央公論新社.

저자약력

강병우

1982년생. 한일공동이공계학부 국비유학생으로 선발되어, 도호쿠대학 공과대학를 졸업했다. 그 후, 도호쿠대학 대학원 공학석사 학위를, 도쿄대학 대학원 기술경영박사 학위를 받았다. LG전자와 JETRO(일본무역진흥기구)를 거쳐 현재 히토츠바시대학 상학부와 이노베이션연구센터에서 준교수로 재직하고 있다. 그 외에, 일본 문부과학성 산하 과학기술학술정책연구원 (National Institute of Science and Technology Policy), 경제산업청 산하 경제산업연구소 (Research Institute of Economy, Trade and Industry), 도쿄대학, 와세다대학, 그리고 아인트호벤 공과 대학(Eindhoven University of Technology)에서도 객원연구원으로 있었다. 필자에 대한 자세한 정보는 여기서 찾을 수 있다.
https://sites.google.com/site/byeongwookang/

통계와 현장에서 보는 일본 대학의 현실

초판발행	2022년 9월 8일
지은이	강병우
펴낸이	안종만·안상준
편 집	김민조
기획/마케팅	손준호
표지디자인	BEN STORY
제 작	고철민·조영환
펴낸곳	㈜ **박영사**
	서울특별시 금천구 가산디지털2로 53, 210호(가산동, 한라시그마밸리)
	등록 1959. 3. 11. 제300-1959-1호(倫)
전 화	02)733-6771
f a x	02)736-4818
e-mail	pys@pybook.co.kr
homepage	www.pybook.co.kr
ISBN	979-11-303-1553-9 03370

정 가 14,000원